천황의 군대와 성노예

KOGUN IANJO TO ONNA-TACHI
by Kentaro Minegishi

Copyright ⓒ 2000 by Kentaro Minegishi
All rights reserved
Korean Translation Copyright ⓒ 2001 by Dang Dae Publishing Co.
Original Japanese edition published by Yoshikawa Kobunkan
Korean Translation rights arranged with Yoshikawa Kobunkan
through Japan Foreign-Rights Centre & Imprima Korea Agency

이 책의 한국어판 저작권은
Japan Foreign-Rights Centre & Imprima Korea Agency를 통해
Yoshikawa Kobunkan와의 독점계약으로
당대출판사에 있습니다.
저작권법에 의해 한국 내에서 보호를 받는 저작물이므로
무단전재와 무단복제를 금합니다.

천황의 군대와 성노예

미네기시 겐타로 지음
박옥순 옮김

당대

천황의 군대와 성노예

한국어판 ⓒ 도서출판 당대, 2001

지은이/미네기시 겐타로
옮긴이/박옥순
펴낸이/김종삼
펴낸곳/도서출판 당대

제1판 제1쇄 인쇄 2001년 7월 30일
제1판 제1쇄 발행 2001년 8월 6일

등록/1995년 4월 21일(제10-1149호)
주소/서울시 마포구 연남동 509-2, 3층 121-240
전화/323-1316 팩스/323-1317
전자주소/dangbi@chollian.net

ISBN 89-8163-070-4

한국의 독자 여러분께

변영주 감독의 다큐멘터리 영화 〈나눔의 집 2〉의 한 장면. 윤두리 씨의 아침기도입니다. "하느님 아버지, 위안부였던 저희들은 한을 풀지 못한 채 한 사람 또 한 사람 죽어가고 있습니다. 하느님은 잘 알고 계실 줄 믿습니다. 저희들의 이 깊은 상처를 보살펴주십시오. 이 마음, 이 상처를 가시게 해주실 것을 믿습니다. 이 한을 풀게 해주실 것을 믿습니다. 그리고 하느님, 폐암에 걸린 친구가 고통을 받고 있습니다."

일본 제국주의는 한국을 식민지화하여 여러 가지 악행을 거듭함으로써 한국인들을 곤경의 심연으로 빠트렸습니다. 과거 일본 군대가 꿈 많은 청춘시절의 한국인 여성들을 강제로 끌고 가서 중국이나 동남아시아 각지에서 위안부, 즉 성노예로 혹사시켰던 것도 그 가운데 하나입니다. 그 죄상은 완전히 속죄될 수도 없는 것이거니와 한국인들의 가슴속에도 오랜 세월 동안 한으로 맺혀 있을 것입니다.

일본인은 한국이 해방된 뒤에도 오랫동안 이 문제를 망각 저편으로 쫓아버리고, 이러한 정신적 빈곤상태에서 오로지 경제 성장만을 추구해 왔습니다. 1991년 8월에 김학순 씨는 실명으로 과거 종군위안부였던 사실을 밝히면서 일본 정부의 책임을 추궁하였습니다. 이에 양심적인 일본인들의 마음이 움직이기 시작했고 그들은 일본 정부의 책임을 물으며 일어섰습니다. 이리하여 그전까지는 일관되게 일본 군대와 위안소·위안부의 관계를 부정해 오던 일본 정부도 일본 군대의 '관여'를 인정할 수밖에 없게 되었습니다. 그러나 일본 군대는 단순히 '관여'만 한 것이 아니고 위안소를 주도적으로 설치하였으며 갖가지 수단을 동원하여 여성들을 강제로 끌고 가 위안부로 만들었습니다.

이와 같이 애매모호한 인식으로 사태를 호도하는 일본 정부는 지금도 여전히 종군위안부에 대해 국가 차원에서 정식 사죄를 하지 않고 있을 뿐 아니라 개인적인 보상도 계속 거부하고 있습니다. 뿐만 아니라 일본인들 가운데는, 위안부는 매춘 행위를 한 데 불과하다는 식으로 일본 군대에 의한 강제연행이나 성노예화를 부정하는 사람들이 적지 않게 존재합니다. 이런 상태에서는 과거 종군위안부가 "한을 풀지 못한 채 한 사람 또 한 사람 죽어가는" 현실을 변화시킬 수 없습니다.

일본 군대는 천황의 통솔 아래 있던 천황의 군대였습니다. 따라서 위안소나 위안부 문제의 최고책임자는 다름아니라 대원수인 쇼와(昭和) 천황입니다. 쇼와 천황은 아무런 책임도 지지 않고 죽었습니다. 그러나 죽은 자에게 책임을 지게 하는 방법도 있을까요.

일본 국가로 하여금 이 전쟁범죄의 책임을 지게 할 '책임'은 그 누가 아니라 바로 우리 일본 국민에게 있습니다. 이것은 일본 국민의 의무입니다. 나는 이와 같은 생각에서 일본인에게 종군 위안소와 위안부 문제의 진실을 자세하게 알리고 싶어

이 책을 썼습니다.

  이 책을 한국의 독자들이 읽을 수 있게 된 것은 뜻밖의 기쁨입니다. 한국의 독자들과 이 책의 인식 사이에 간극이 있을지도 모릅니다. 그런 점은 서로 교류하고 토론해서 좁혀나갈 수 있기를 바랍니다.

  일본이 한국을 비롯해서 아시아 국가들의 국민에 대한 전쟁 책임을 반드시 짐으로써, 일본과 아시아 국가들의 상호 이해와 우호가 깊어지기를 기대해 마지않습니다.

  그리고 이 책은 대부분 한국정신대문제대책협의회, 정신대연구회가 채록한 조사를 바탕으로 하고 있습니다. 이 자리를 빌려 감사의 뜻을 전합니다. 또 이 책을 한국말로 옮기는 데 많은 고생을 한 박옥순 씨에게도 감사의 말을 올립니다.

2001년 5월 3일
미네기시 겐타로

차례

한국의 독자 여러분께 5

프롤로그 종군위안부의 상흔과 고발 13

신체적 상흔/정신적 외상과 PTSD/정신적 외상: 필리핀과 네덜란드/정신적 외상: 한국과 중국/정신적 외상: 향수병/고백과 증언: 헨슨/고백과 증언: 잇달아 일어서는 사람들/일본 국가를 고발한다: 증오/일본 국가를 고발한다: 인간 존엄성 회복/일본 국가를 고발한다: 항구적 평화를 위해서/일본인의 책임/왜 이 책을 쓰고자 했는가

군부는 조직적으로 위안소를 설치했다

설치과정 49

제1차 상하이사변/중일 전면전 시작/본격적인 종군위안소 설치/종군위안소의 체제 정비/전선의 확대와 종군위안소 설치/일본군 주둔지에는 종군위안소가 있다/아시아태평양 전쟁

군부가 조직적으로 설치하다 75
해군성의 공인 및 추진/일본 본토의 종군위안부 징발기구/현지 군대가 종군위안부 파견을 요청/군이 발급한 도항증명서/종군위안소 설치방법에 관한 교육

무엇 때문에 만들었는가 86
사기진작과 군기유지/상하이전쟁에서 전의상실과 군기이완/문화·오락 시설의 결핍과 병사들의 소외/장교와 '분별력 있는 병사'/성병 예방책/전투력 감퇴와 인구정책/성병검사 제도/콘돔/성병의 감염원은 장병/강간대책/전시 강간/전시의 강간과 반일감정/홍군·홍창회의 반일투쟁/끊이지 않는 강간

군사적 성노예제

종군위안부의 징발 및 연행 115
일본인 위안부/종군위안부의 차별구조/창녀·기생에서 종군위안부로/한국인의 징용과 연행/기만적 연행/폭력적 연행/강제연행/

뚜쟁이 및 인솔자/선금/알선업자의 배후/군의 개입/중국인의 징발과 연행/군사령부의 대량징발식 연행/동남아시아와 남태평양에서의 징발과 연행/폭력적 연행: 필리핀/폭력적 연행: 인도네시아/폭력적 연행: 네덜란드인/응모

종군위안소 운영과 군의 관리 158
군 직영/민간인 업자/군의 위안소 관리/군민유착

혹사당한 종군위안부 172
관리강간/가혹한 사역/폭력적 지배/선금과 계약기간/보수/강간소/위안부의 저항과 그 심정/군사적 성노예제도

에필로그 전쟁범죄와 전후 책임 207
전쟁범죄/전후 책임

후기 219
옮긴이 후기 일본의 행동하는 양심인의 전쟁범죄 고발 222

프롤로그 종군위안부의 상흔과 고발

신체적 상흔

전시하에 일본 군대의 병사들에게 성적(性的) 봉사를 강요당한 종군위안부는, 일본이 패전하고 해방된 후에도 갖가지 상처를 안고 그것을 견뎌내면서 살아왔다. 이들의 상처는 크게 신체적 상흔과 정신적 외상으로 구분할 수 있다.

신체적 상흔으로는 지나친 성교를 강요당함으로써 성기에 이상상태가 발생한 사례를 들 수 있다. 과거 종군위안부였던 한국의 강덕경 씨는 다음과 같이 호소하고 있다.

나는 위안소에 갔었기 때문에 특히 온몸이 다 아프다. 젊었을 때는 매달 생리를 할 때마다 통증이 어찌나 심한지 이틀 정도는 방안을 때굴때굴 굴러다녔다. 너무 아파서 주사를 맞지 않으면 안 될 지경이었다. 또 늘 하혈을 했다. 한약방에도 가보고 산부인과에도 다니곤 했다. 이 통증이라도 없어지면 발가벗고 춤이라도 추고 싶을 정도였다.

<small>(韓國挺身隊問題對策協議會・挺身隊硏究會 編, 從軍慰安部問題 ウリヨソンネットワーク 譯, 『證言: 强制連行された朝鮮人軍慰安婦たち』, 明石書店, 1993. 이하 『證言』I).</small>

병리적인 면에서, 생리시의 격심한 통증과 하혈, 자궁내막염, 난관이상 등이 종군위안부 생활 때문에 생긴 질병이라고 판단할 수 있는지는 확실하지 않다. 그러나 전체적인 증상으로 볼 때 종군위안소에서의 지나친 성교가 그 원인이라고 생각해도 틀림없을 것이다. 그 고통은 상상을 초월하는 것이다.

한국에서 중국으로 연행되어 해방 후에도 중국에 남아 있었던 하군자 씨는 이렇게 증언하고 있다.

나는 남편하고 함께 살고 있는 동안 아이를 낳지 못했다. 남편(의사)이 나를 진찰해 보더니 어린 나이에 너무 많은 남자를 상대했기 때문에 자궁이 삐뚤어졌다고 했다.
월경을 할 때마다 죽을 것처럼 아팠다. 월경이 사흘 계속되다가 며칠 거르고는 또 출혈이 있었다. 자궁이 삐뚤어져서 출혈을 방해하기 때문에 그런 것이라고 말했다. 그래서 20년 전에 자궁을 전부 들어내 버렸다. 그후부터 남편과 잠자리를 따로 하게 되었다.

(韓國挺身隊問題對策協議會·挺身隊硏究會 編, 山口明子 譯, 『中國に連行された朝鮮人慰安婦』, 三一書房, 1996. 이하 『證言』 II).

이와 같은 신체적 상흔도 뒤에서 설명하는 정신적 외상을 동반하는데, 이 사례에서는 "남편과 잠자리를 따로 하게 되었다"는 정신적 외상까지 파생·가중되고 있다. 김충심 씨도 '성기가 엉망진창'으로 되어버린 탓에 남편에게 온갖 욕설을 다 들었으며 결국 남편은 다른 여자와 살림을 차렸다고 한다(戰爭犧牲者を心に刻む會 編, 『私は慰安婦ではない』, 東方出版, 1997. 이하 『證言』 V). 신체적 상흔이 생활을 파괴시켜 버렸던 것이다.

군도(軍刀)에 찔린 상흔 등, 여러 가지 폭력을 당하면서 생긴 상처를 가지고 있는 사람도 있다. 윤간을 당한 중국인 만애화(万愛花) 씨의 경우는 그중에서도 가장 극단적인 사례일 것이다.

나는 키가 1미터 60센티인 큰 여자였다. 그런데 지금은 이렇게 작아졌다. 여러분 한번 보십시오. 계속 폭력을 당했기 때문에 나는 뼈가 부서져 없어져 버렸다. 체형이 완전히 변형되어 버린 것이다. 여기까지가 전부 다리다. (『證言』 V)

정신적 외상과 PTSD

정신적 외상(trauma)과 PTSD(정신적 외상 후의 스트레스 장해)에 관련된 증언은 헤아릴 수 없이 많다. 먼저 구와야마 노리히코에 따르면, 정신적 외상과 PTSD는 다음과 같이 정의할 수 있다(桑山紀彦, 「中國人元慰安婦の心的外傷とPTSD」, 『戰爭責任硏究』 19號).

정신적 외상이란 "인간이 살아가면서, 두드러진 고통을 수반하며 살아갈 희망을 산산조각 내버리고 중요한 인간관계가 끊어져 두 번 다시 일어서지 못하는 것 아닌가 하는 생각을 들게 할 정도의 사건을 맞닥뜨려서 이것이 상처가 된 상태를 말한다." 그리고 PTSD는 "정신적 외상을 입은 사람이 시간이 흐르면서 그로 인해 스트레스를 느끼고 정신적인 고통을 받는 것이다. 즉 '정신적 외상'을 받은 '후'에 '스트레스'를 느끼고 그것이 '장해'로까지 되는 상태를 가리키는 병명이다."

필리핀의 헨슨은 일본 병사들로부터 두 번이나 강간을 당했을 뿐 아니라 강제로 끌려가서 종군위안부가 되었다. 그후 헨슨은 항일게릴라들에게 구출되었는데, 구출된 후에 계속되는 정신적 상태를 다음과 같이 쓰고 있다. 문장이 좀 길지만 인용하기로 한다.

내 몸을 걱정하시던 어머니는 열심히 이 결혼을 권하였다.

그렇지만 나는 연애감정이 전혀 생기지 않았다. 도저히 남자를 사랑할 마음가짐이 되지 않았던 것이다. 그래도 아기를 낳고 싶다는 바람은 있었다. 아기가 있으면 내가 나이를 먹었을 때 보살펴줄 테니까. 어머니는 "애정은 살아가면서 조금씩 생겨나는 것"이라면서 나를 위로해 주셨다.

결혼하겠다고 말하기 전에 내가 일본 병사에게 강간당했던 일을 고백했다. 도밍고(남편)는 강간당한 일은 과거지사라고 했다. 처녀가 아닌데도 받아들여 주었던 것이다. 기뻤다.

어머니도 나에게 과거를 다 털어놓아야 한다고 말했다. 하지만 나로서는 모든 것을 다 털어놓을 수가 없었다. 내가 9개월 동안 '위안부' 생활을 한 것은 말하지 못했다. 내가 더럽혀졌다는 느낌이 들어 몹시 수치스러웠기 때문이다. '부부 싸움이라도 하면 성노예였던 것을 남편이 입에 담을지도 모른다'는 생각에 불안했다. 언젠가 그와 같은 일을 끄집어낸다면 얼마나 수치스럽고 굴욕스러울까. 상상만 해도 소름이 끼친다. 남편은 내 몸에 일어났던 일을 알면 화를 낼지도 모른다.

일본이 항복한 후인 1945년 9월쯤에 도밍고와 나는 동거를 하게 되었다.

하지만 결혼 승낙을 정식으로는 받아들이지 않았다. 다시 말해 교회에서 식을 올린다든가 혼인신고를 하는 것은 거부했다. 남편에게 "당신은 아직도 다른 여자와 결혼을 할 자유가 있다"고 말했다. 나 자신이 일본 사람이 농락하다 내팽개친 '쓰레기'에 지나지 않는다고 생각했기 때문이다. 강간당한 내 몸은 완전히 더러워졌다고 여겼다. (…)

도밍고는 나에게 무리하게 섹스를 요구하지 않았다. 남편은 예의바르게 나에게 요구했다.

그런데도 섹스를 할 때마다 항상 나를 강간하는 일본 병사의 이미지에 사로잡혔다. 그것이 싫고 싫어서 견딜 수가 없었다. 그 때문에 남편과의 성생활이 즐겁다고 생각되었던 적은 한 번도 없었다. "애정은 살아가면서 조금씩 생겨나는 것"이라고 하시던 어머니 말씀을 늘 마음의 위안으로 삼았다.

결혼 후에도 나는 자주 악몽에 시달렸다. 옆에 누워 있는 나를 빤히 쳐다보고 있는 일본 병사의 꿈이다. 꿈속에서 그 사람은 나를 조롱하고 고함을 지르고 또 자기를 상대해 줄 것을 강요하곤 한다. (マリア ロサ L. ヘンソン, 『ある日本軍慰安婦の回想』, 岩波書店, 1995)

이처럼 헨슨은 여러 가지로 얽혀 있는 정신적 외상을 안고 있음을 알 수 있다. 이에 관해서 하나하나 반복해서 설명할 필요는 없을 것이다.

다만 헨슨의 마음속에서는 두 차례의 강간과 종군위안소에서의 강간이 구별되고 있는 사실을 주목할 필요가 있다. 즉 후자에서 일본 병사들로부터 번갈아 가며 상대해 줄 것을 강요당하고 희롱당함으로써 자신이 "일본인에게 농락당하다 내팽개쳐진 '쓰레기'에 지나지 않는다"고 생각하게 되었으며, 급기야 자신이 '더러워졌다고' 여기게 되었다. 여기에는 종군위안소와 그것이 가져다 준 정신적 외상이 특징적으로 잘 나타나고 있다. 게다가 이것은 남편과 성생활을 할 때 자신을 강간한 일본 병사의 이미지와 겹쳐서 나타날 뿐 아니라 꿈속에서 거듭 강간당하는 체험을 겪는 '악몽에 시달리고' 있다. 뿐더러 자신의 과거를 숨겨야 한다는 죄의식까지도 초래하고 있다.

정신적 외상: 필리핀과 네덜란드

헨슨에게서 나타나는 상태나 증상이 비단 그녀 한 사람만이 아니라는 것을 보여주기 위해, 구체적인 증상에 관계없이 다른 사람의 예를 소개하겠다. 필리핀의 토마사 살리녹은 다음과 같이 증언하고 있다.

젊었을 때는 몇몇 남자들이 호감을 보이기도 했지만 모두 거절했다. 섹스의 이미지에는 폭력과 강간의 기억이 늘 따라다녔기 때문이다. 그것은 더럽고 소름끼치는 것이었다. 어떤 남자는 내가 만나기를 거절하자 "일본인을 몇백 명씩 상대하는 편이 더 좋을 테지 뭐" 하고 모욕을 퍼부으며 집에다 돌을 던지기까지 했다. 내 아이를 낳고 싶었지만, 그 같은 일을 겪은 뒤로는 결혼하지 않기로 마음먹었다.

(フィリピン從軍慰安婦補償請求裁判辯護團 編,『フィリピンの日本軍慰安婦』, 明石書店, 1995. 이하『證言』Ⅲ)

살리녹 역시 섹스의 부정적인 이미지에 짓눌려 있다. 그리고 같은 필리핀 사람인 헨슨과 마찬가지로 '더럽다'는 자신에 대한 부정적인 평가가 살아가는 데 장해가 되고 있다.

또 식민지 인도네시아에 살고 있다가 종군위안부가 되었던 네덜란드인 잔 오헬네는 이렇게 증언한다.

온몸이 공포로 다 타버리는 것 같았다. 그것은 도저히 어떻게 묘사할 수 없는 감각이다. 결코 잊을 수 없고, 결코 지울 수 없는 감각이다. 거의 50년이 지난 지금도 나를 압도하고 있는 공포가 머리끝에서부터 팔다리를 훑고 지나가면서 몸을 태워버릴 듯한 느낌에 사로잡힌다. 이런 느낌은 너무도 기묘한 순간에 엄습하곤 한다. 악몽에 시달리다 눈을 뜨지만 깨어나서도 그 악몽이 사라지지 않아 침대에서 몸부림치면서 괴로운 시간을 보내곤 한다. 무엇보다 괴로운 것은 남편이 나를 요구할 때마다 이런 느낌이 되살아나는 것이다. 일본 사람들이 했던 짓 때문에 나는 지금까지 한 번도 섹스를 즐겁다고 생각해 본 적이 없다. (國際公聽會實行委員會 編,『世

界に問われる日本の戰後處理』, 東方出版, 1993. 이하 『證言』 IV)

악몽 그리고 성생활의 장해, 이것은 헬슨과 공통적으로 겪고 있는 고통이다. 다만 헬슨에게서 두드러졌던 '더럽다'는 느낌보다는 좀더 직접적인 '공포'의 감각이 오헬네를 크게 짓누르고 있다.

정신적 외상: 한국과 중국

다음으로 과거 종군위안부였던 한국인들의 정신적 외상을 살펴보기로 하겠다. 문필기 씨는 다음과 같이 증언하고 있다.

고향에 돌아와 보니 아버지는 병으로 이미 돌아가시고 안 계셨다. 어머니는 나를 시집보내려고 안달을 하셨지만, 나는 전혀 그럴 마음이 없었다. 위안부였던 내가 도대체 누구와 결혼할 수 있단 말인가, 하는 생각에 도저히 견딜 수가 없었다. 어머니에게는 위안부였다는 사실을 말할 수가 없었다. 공장에 취직해서 공부도 했다고 말했다. 나는 가슴이 아파서 더 이상 집에 있을 수가 없어 고향으로 돌아온 지 일년쯤 되어 아무 말도 하지 않고 집을 나왔다. … 그 뒤로도 위안부였다는 사실이 누구에게라도 알려질까 봐 겁이 나서 여기저기 옮겨다녔다. (『證言』 I)

위안부였다는 사실을, 어머니를 포함하여 모든 사람들에게
숨기고 또 그 사실이 알려지는 것을 두려워하며 지냈다. 조선
민주주의인민공화국(북한)의 김영실 씨는 "나 자신의 과거가
수치스러워 결혼하지 않기로 결심했다. 그 뒤로도 오랜 세월
동안 내 마음속에 깊이 뿌리박힌 원한에 괴로워했다"고 증언
하고 있는데(『證言』 IV), 과거가 알려질까 봐 두려워하는 마음
밑바닥에 자신을 '수치스럽다'고 여기는 감정이 있기 때문이
아닐까 싶다. 그리고 그 '수치심' 때문에 결혼을 단념 혹은 거
부하고 있다.

그러나 결혼을 단념했다고 하지만 비록 꿈이나마 한 여자로
서 결혼에 대한 간절한 소망을 강하게 가지고 있다. 윤두리 씨
는 이렇게 호소한다.

다시 한 번 여자로 태어나고 싶다. 지금처럼 좋은 세상에
서, 좋은 부모 밑에서 공부를 많이 해서 좋은 남자에게 시집
가 자식도 낳고 싶다. 젊었을 때는 피부가 고와 '부잣집 맏며
느릿감'이라는 소리를 듣기도 했다. 그런데 결혼도 못하고
대관절 이게 무슨 일인가. 한밤중에 눈이 떠져서는 '도대체
왜 내가 혼자 자야만 하는가? 왜 혼자 살고 있단 말인가? 누
가 나를 이 지경으로 만들었는가? 어쩌다가 우리나라는 빼
앗겨버렸는가?' 하는 생각을 하면 도저히 잠이 오지 않는다.
결혼도 못하고 자식도 하나 낳지 못했기 때문에 길을 가다

가 아이들을 데리고 가는 사람을 보면, '저 사람은 자식이 있는데 왜 나는…' 하는 생각이 들어 슬퍼진다. (『證言』 I)

이렇듯 윤두리 씨는 사무치는 원한과 외로움으로 잠을 이루지 못하고 또 머릿속으로는 종군위안부가 되어 희생을 강요당했던 현실적인 자신과 다시 태어났을 때의 이상적인 자신(혹은 위안부가 되지 않은 자신) 사이의 모순 속에서 방황하고 있다.

그러면 강제로 종군위안부가 되었던 것을 왜 '수치'라고 생각하게 되었을까.

종군위안부의 증언에 불을 붙인 한국의 김학순 씨는 "〔남편이〕 아들이 있는 자리에서 불결한 여자라느니 군인을 상대했다느니 하는 말을 했을 때는 더러워진 운명이 한스럽기만 했다"고 말하고 있다(같은 책). 역시 한국의 강순애 씨는 "단 하나밖에 없는 남동생이 '위안부'였던 나를 꺼리고 피하려고 하는데 분노를 느끼고" 있다(『證言』 IV). 이순옥 씨는 "형제자매들의 권유로 신고를 했지만 몹시 창피하다. 아직도 사회는 우리를 경멸하고 있다. … 옛날 일을 생각하면 심장이 벌떡거리고 온몸에서 기운이 다 빠져나가는 것 같다"고 호소한다(『證言』 I).

그리고 중국의 사례이지만, 앞의 만애화 씨는 "가족도 동네 사람들도 나를 더러운 여자라고 수군거리며 나를 피하기 때문에 나로서는 어떻게 할 수 없어 그후 고향을 떠나 타이위안(太原)으로 갔다. 그곳에서 조그만 방 하나를 얻어서 살고 있는 나는 천애고아나 다를 바 없는 신세이다"고 증언하고 있다(『證言』IV).

이처럼 주위 사람들이나 세상 사람들 사이에서 종군위안부였던 사람을 불결하다든가 더럽다고 손가락질하며 기피하고 멸시하는 분위기, 다시 말해 여성에게 '순결'을 강하게 요구하는 가부장적인 성규범(性規範)이 작용하고 있기 때문에, 과거에 종군위안부였던 사람들은 자신들의 몸을 '수치스럽게' 여기고 이 '수치심'이 내면화되어 침묵을 강요받아 왔던 것이다. 덧붙여 말하자면 혐오스러운 체험을 상기하는 것 자체가 또 다른 고통을 불러일으켜 피해체험을 억누르게 되는 것이라고 볼 수 있다.

이 항은 PTSD의 증상을 나타내고 있다고 판단되는 사람의 증언을 소개하는 것으로 끝을 맺기로 하겠다. 한국의 이상옥 씨 사례이다.

당시의 일을 생각하거나 이야기하면 머리가 아파서 며칠 동안은 잠도 제대로 잘 수 없다. 다리를 쭉 펴고 마음껏 울어도 속이 편하지 않다. 남양(南洋)에서 그런 경험을 했기 때문에 나는 우울증에 걸렸다. 울화가 치밀면 한겨울에도 방문을 활짝 열어놓지 않으면 잠을 이루지 못한다. 단골 병원에서는 신경을 너무 쓰지 말라고 주의를 주었다. 또 잘 때는 오른쪽 장딴지에 경련이 일어나 무척 괴롭다. 남양에서 도망칠 때 칼에 찔려서 피를 많이 흘렸기 때문이다. 요즘은 온몸에 기운이 없고 몸 상태가 좋지 않다. 파라오에 있던 20대 초반부터 두통약 '명랑'을 줄곧 먹었는데, 지금도 하루에 두 알씩 거르지 않고 먹는다. 최근에는 두통뿐만이 아니고 숨쉬는 것도 고통스러워서 병원에 다니고 있다. (『證言』I)

정신적 외상: 향수병

일본 군대는 패전 때 종군위안부를 현지에 내팽개쳐 버리기도 했다. 그 때문에 일부 한국인 종군위안부들은 중국이나 오키나와 등지에 남을 수밖에 없었다. 이국 땅에 남게 된 이 사람들은 고향이 몹시 그리워 향수병에 시달리고 있다. 이 역시 정신적 외상의 하나라고 할 수 있을 것이다. 그리고 PTSD 증상을 보이고 있는 사람도 있다. 먼저 홍애진 씨의 증언을 들어보기로 하자.

지금은 발을 다쳐 제대로 걷지도 못하는데, 돈이 없어서 병원에도 못 가고 있다. 하지만 몸이라도 조금 좋아져서 마음대로 걸어다닐 수만 있다면 걸어서라도 조선에 돌아가고 싶다.

밥을 먹어도 조선에서 먹지 않고는, 아무리 맛있는 밥을 먹어도 남의 나라 중국에서는 맛있는 밥이 없을 뿐 아니라 맛있지도 않다. 나는 설령 꽁보리밥을 먹게 된다고 해도 조선에서 보리밥을 먹고 싶다. 내가 어떻게 된다 해도 나는 조선이 좋다. 그래서 나는 조선말을 잊어버리지 않으려고 노력하고 있다. 많은 조선 사람들이 조선말을 잊어버렸다. 나는 결심했기 때문에 잊지 않으려고 열심히 노력하고 있다.

(『證言』 II)

조국에 대한 생각이 애절하다. 홍애진 씨는 한국으로 돌아가기를 절실히 원하고 있다. 이 소원이 이루어질 수 있을 것인가.

이봉화 씨는 고향 생각에 정신분열증에 걸렸다고 한다.

남편이 나를 무척 사랑해 주기는 했지만, 1954년에는 고향이 너무도 그리워 정신분열증에 걸렸다. 마음이 산란해져 갈피를 잡지 못하고 술을 마셨다. 조선 노래를 부르고 춤을 추었다. 시도 때도 없이 중얼거리고 가족들의 이름을 불렀다. 그리고는 퍼질러 앉아 하염없이 울었다. "아버지는 집을 짓고 어머니는 나를 예뻐했는데…" 하며 내 마음대로 지껄이곤 했다. 고향으로 돌아가고 싶다! 한 번만이라도 볼 수 있다면 이대로 소원이 없다며 울었다. (같은 책)

이봉화 씨는 고향이 너무 그리운 나머지 일종의 정신착란

상태에 빠졌던 것으로 보인다.

　정학주 씨도 북한 영화를 보고는 "정신착란에 빠져 들판으로 뛰쳐나가 '조국으로 돌아갈 테다, 우리나라로 돌아갈 테다' 하고 울부짖다가 의식을 잃어버렸다"고 한다 (같은 책).

고백과 증언: 헨슨

과거에 종군위안부였던 사실을 스스로 더럽다, 수치스럽다고 생각하고 또 세상 사람들도 그런 눈으로 바라보는 상황에서는 자신의 체험을 다른 사람들에게 쉽게 이야기할 수 없을 뿐더러 마음속에 깊이 가두어버리게 된다.

　전후(戰後) 오랜 세월 동안 마음속 저 깊이 가두어놓았던 체험과 피해를 공공연하게 세상에 밝히고 고백하는 사람이 나타났다. 대단히 용기 있는 행동이다. 1991년 8월에 한국의 김학순 씨가 자신의 이름을 밝히고 자신이 피해자인 사실을 폭로했다. 그리고 필리핀에서는 헨슨이 1992년 9월에 기자회견을 통해 밝혔다. 여기에 용기를 얻어 한국이나 필리핀 나아가 중국과 대만, 북한, 인도네시아, 네덜란드의 사람들이 잇따라 자신의 이름을 밝히고 증언하기에 이르렀다. 이름을 밝히고 증언하는 것 자체가 자신과 사회에 대한 투쟁이었다.

　헨슨이 고백하고 증언하게 되었던 과정을 함께 더듬어보기로 하겠다 (『ある日本軍慰安婦の回想』).

어느날 헬슨은 라디오에서 흘러나오는 소리를 듣고 온몸이 감전된 듯 충격을 받았다. "…부끄럽다고 생각지 마십시오. 성적 노예였던 것은 당신의 책임이 아닙니다. 책임은 일본군에게 있습니다. 당신 자신의 권리를 위해 싸워주십시오…." 얼마 후 또 라디오에서 TFFCW(필리핀인종군위안부문제대책위원회)가 일본 군대의 성노예가 되었던 여성들을 찾는다고 호소했다. 헬슨은 자신에게 물어보았다. '괴로운 경험을 밝힐 작정인가?' 자신을 더럽다고 생각했다. '아이들이 나를 떠나버리지나 않을까?' 이런저런 생각에 마음이 흔들렸다.

이렇게 자신과 갈등하면서 울고 있는 모습을 그녀의 딸 로사리오가 보았다. 그녀는 딸에게 자신이 '성노예'였던 사실을 고백했다.

로사리오에게 성노예 같은 더러운 일을 겪은 나를 엄마로 받아들일 수 있겠느냐고 물었다.

"엄마를 너무나 사랑해요. 지금까지보다 더 사랑할 거예요" 하더군요. 로사리오는 내게 힘이 되어주었다. 그래서 나는 결심했다.

헬슨은 TFFCW에 연락했고 자기가 겪은 일을 다 털어놓았다.

자신이 전쟁중에 겪었던 고통스러운 체험을 이야기하기란

참으로 어려운 일이다. 그렇지만 나는 이 두 어깨에서 산처럼 무겁고 괴로운 짐을 내려놓고, 비탄에 빠져 있는 마음에서 가시를 뽑아내고, 오랫동안 잃어버렸던 나 자신의 강인함과 자존심을 회복할 수 있을 것이라고 생각했다.

…많은 여성들이 나와 마찬가지로 자신을 부끄러워하며 입을 열지 않고 전쟁시기 동안의 어두운 체험을 이야기하지 않고 있을지도 모른다. 나의 역할은 성노예가 되었던 다른 사람들을 위해서 모범이 되어 봉사하는 것이라고 깨닫게 되었던 것이다.

이리하여 헨슨은 기자회견에 나서서 필리핀인으로서는 처음으로 자신이 겪은 일을 폭로했다. 그리고 이렇게 말한다. "내가 이름을 밝히는 것은 나 자신이 정당하게 대우받고 싶다는 것 때문만은 아니다. 전쟁이 얼마나 나쁜 것인지, 젊은 세대들에게 가르쳐주고 또 그들이 의식할 수 있게 해주고 싶은 마음에서 나는 나의 쓰라린 과거를 공개하는 것이다."

헨슨이 자신의 이름을 밝히는 것에 대해서 뒤에서 비난하거나 조롱하고 냉소하는 사람도 있었다. 그러나 그녀는 "나 자신에게 퍼붓는 비웃음이나 모욕에 상처를 입으면서도 그것을 극복할 수 있었던 것은 나의 고통스러운 경험을 함께 나누어 가지려고 한 가족과 TFFCW 덕분"이라고 말한다.

헨슨은 스스로 굴욕으로 가득 찬 체험을 고백하고 그 굴욕적인 체험을 피해-가해의 관계로 바꾸어놓음으로써 자존심을, 인간으로서의 존엄성을 회복하였다. 이것은 정신적 외상으로부터 회복되는 첫걸음이자, 자신에 대한 부정적인 평가를 긍정적인 평가로 바꾸어가는 시작이었다.

 헨슨이 이렇게 할 수 있었던 것은 무엇보다도 먼저 좋은 이해자("성노예였던 것은 당신의 책임이 아닙니다. 책임은 일본군에 있습니다"는 호소)가 존재한 점, 그리고 그것과의 만남이다. 두번째로는 가족의 지지이다. 양자 모두 "고통스러운 경험을 함께 나누어 가지려고" 했다. 세번째로, 자신과 똑같은 희생자, 동료 들에 대한 배려이다. 이 같은 배려는 자신들의 경험을 고백하는 사람이 잇따라 나타남으로써 편견과 싸우는 공동체

나눔의 집 할머니들(나눔의 집/일본군위안부역사관 제공)

가 형성되는 것으로 이어졌는데, 현재 한국에서는 '나눔의 집'에서 이것이 체현되고 있다.

'나눔의 집'은 갈 곳이 없는, 과거 종군위안부였던 사람들이 "서로 의지하며 살아가는" 공동생활의 집이며, "할머니들의 한과 고통을 승화시킬 수 있는 장소"이다. 이곳 '나눔의 집'의 할머니들은 매주 수요일이면 일본대사관 앞에서 열리는 수요집회에 빠짐없이 참가하고 있다(慧眞, 徐勝·金京子 譯,『ナヌムの家のハルモニたち』, 人文書院, 1998).

고백과 증언: 잇달아 일어서는 사람들

김학순 씨와 헨슨에 뒤이어 이름을 밝히고 증언한 사람들의 자존심 회복과정에 관해서도 살펴보도록 하겠다.

필리핀의 토마사 살리녹은 다음과 같이 증언하고 있다.

> 1992년 말에 어떤 여성단체가 제2차 세계대전 동안에 나처럼 성노예제도의 피해자가 되었던 여성들을 찾고 있다는 것을 알게 되었다. '드디어 정의가 회복되는구나' 하는 희망의 빛을 보는 듯했다. 일로일로(Iloilo)에 있는 그 여성단체 '가브리엘라' 사무실을 통해서 태스크 포스(과거 종군위안부였던 필리핀 여성들을 위한 조사위원회)와 연락을 취하기로 했다. 돈이 없었기 때문에 모포를 팔아서 교통비를 마련했

강덕경 〈짓밟힌 순결〉 (나눔의 집/일본군위안부역사관 제공)

다. 태스크 포스의 사람들에게 내가 겪은 일을 다 털어놓자 크나큰 안도감이 밀려왔다. 오랫동안 줄곧 누군가 이해해 줄 수 있을 것만 같은 사람에게 내가 전쟁 동안에 겪었던 쓰라린 일을 다 털어놓고 싶었다. 처음으로 나를 이해해 주고 진심으로 받아들여 주는 사람들을 만났다는 생각이 들었다. 그것은 마치 가슴에 박혀 있던 가시를 뽑아버린 듯했다.

(『證言』 Ⅲ)

토마사 살리녹은 오랜 세월 동안 가슴속에 울분으로 쌓여 있던 고통스러운 자신의 체험을 이해해 줄 사람을 하염없이 기다리고 있었다. 그 기회가 찾아오자, '모포를 팔아서 교통비를 마련'하여 찾아나섰다. 그리고 자신이 겪은 일을 이야기하고 그것이 다른 사람들에게 받아들여지고 그들로부터 이해를 받음으로써 마음의 해방을 얻을 수 있었다.

한국의 김덕진 씨는 "텔레비전에서 김학순 씨의 증언과 정신대에 관한 여러 가지 프로를 보았다. 지금까지 후회스럽고 한스럽기만 한 일을 나 혼자 가슴속에 묻어두고 있었는데, 텔레비전을 보고 난 뒤로는 밤에도 잠을 이루지 못할 정도"였다. 그래서 정신대문제대책협의회(이하 정대협)에 신고하는 일을 친척들에게 의논했지만, 모두들 반대했다. 그러나 김덕진 씨는 반대를 물리치고 신고했다. "신고한 뒤로도 한 일주일 동안은 제대로 잠도 못 잤다. 하고 싶은 말을 다 하고 나니 한이 반은 풀린 것 같았다. 신고한 후에 큰아들한테 말했더니 아들이 그러더군요, '그렇게 괴로운 과거를 짊어지고 지금까지 살아오시다니요. 훌륭하십니다' 하고 말입니다. 나는 이 말을 듣고 엉엉 울었다." 물론 아직도 이로 인해 비탄에 빠져 있는 가족도 있지만 김덕진 씨는 정대협 데모에 빠짐없이 나오고 있다. 다만 김덕진 씨는 실명을 밝히지 않고 있다(『證言』 I). 어찌 되었든 '한이 반은 풀린' 듯하다고 말하는 것은 인상적이다.

또 문옥주 씨는 다음과 같이 증언하고 있다.

· 정말로 나는 온몸 구석구석 성한 데라고는 하나도 없을 정도로 건강이 나쁘다. 그리고 한때는 불면증에 걸려 잠도 제대로 잘 수가 없었다. 그렇지만 요즘 들어서는 이렇게 내가 살아온 이야기를 모두 다 털어놓은 탓인지 잠도 제대로 잘 수 있게 되었고 밥도 잘 먹는다.

젊은 시절에 권번(券番)에서 서로 알게 된 이씨 권유로 작년에 처음으로 이 사실을 신고했을 때도 중국에서 있었던 일은 털어놓지 못했다. 그때는 부끄러운 일을 모두 다 이야기해야 할지 말아야 할지 망설여져서 남방(南方)에 갔던 이야기만 했다. 그렇지만 내 이야기가 모두 알려진 지금, 무엇을 더 감출 필요가 있겠는가 하는 생각이 들어 기억나는 대로 다 말했다. 모두 다 말해 버리고 나니 가슴이 후련해지더군요. (같은 책)

문옥주 씨는 망설이면서도 모두 다 털어놓음으로써 정신적 외상을 치유할 수 있었다.

일본 국가를 고발한다: 증오

과거 종군위안부였던 사람들이 이름을 밝히고 증언하는 것은 자신의 한을 풀고 또 마음을 치유하고 자존심을 회복하기 위한 것만은 아니다. 이와 더불어 일본 정부를 고발하고 국가로서의 책임을 묻기 위함이다. 이들은 구체적으로는 국가 차원에서의 공식적인 사죄, 책임자의 처벌 및 국가 책임하의 개인 보상을 요구한다. 이런 것들이 실현될 때 비로소 정신적 외상과 PTSD로부터 완전히 회복될 수 있다고 보는 것이다.

일본 국가에 대한 고발의 밑바닥에는 한 가지 더, 일본 국가와 군대에 대한 증오심이 깔려 있다. 과거 종군위안부였던 사람들이 당한 희생을 생각하면, 아마 이것은 당연한 감정일 것이다. 중국의 만애화 씨는 다음과 같이 호소한다.

생각해 보라. 저 악마들에게도 나와 같은 또래의 딸이 있을 것이다. 어찌하여 내 나이 열다섯에 이렇게 몸이 엉망진창이 되어버렸단 말인가. 나는 죽을 때까지 일본 군인들을 증오할 것이다. 일본 군인들이 그토록 잔악한 짓을 했던 것도 당시 일본 정부가 그것을 지지해 주었기 때문이다. 당연히 일본 정부에 책임이 있다.

　나는 일본군에게 살해당한, 헤아릴 수 없이 많은 중국인 동포들과 나처럼 상처 입은 수많은 피해자 동포들을 대표해서 말한다. 우선 일본 정부는 그 죄를 인정하고(사죄) 우리에게 공개적으로 사죄할 것을 요구한다. 그리고 나와 내 가족이 당한 신체적·정신적·경제적 손실에 대해 그에 합당한 보상을 할 것을 강력하게 요구한다. (『證言』Ⅳ)

그리고 한국의 윤두리 씨는 이렇게 호소하고 있다.

　사람의 일생을 이렇게 엉망진창으로 만들어놓고 아직도 책임을 회피하다니, 일본은 도대체 어떻게 할 작정인가? 결혼도 할 수 없게 된 나의 일생을 엉망으로 만들어놓고 입에 발린 사죄만 늘어놓다니, 도대체 어떻게 할 것인가? 죽어서 눈을 감기 전까지는 내가 당한 일을 잊을 수 없을 것이다. 아니, 죽어서도 잊을 수 없을 것이다. (『證言』Ⅰ)

자기 의사와 전혀 상관없이 중국에 남을 수밖에 없었던 한국인 홍애진 씨 또한 이렇게 일본을 규탄한다.

　지금 생각해 보면 내 마음에 남아 있는 가장 큰 원수는 일본이다. 일본만 없었더라면 내가 여기에 올 리도 없고 이런 생활을 할 까닭도 없었다. 말하자면 일본 때문에 내가 여기에 이렇게 남아 있고, 그립고 그리운 조국에도 가볼 수 없게 된 것 아닌가. 도대체 돈이 무엇이기에 내 인생을 이렇게 바꾸어놓을 수 있단 말인가.

나는 일본 정부에 하고 싶은 말이 있다. 우리를 이곳 중국에까지 끌고 와서 우리의 생피를 빨아먹다가 우리를 내동댕이치고 자기들끼리만 돌아가 버린 일본 정부는 도대체 지금 무엇을 하고 있는가. 일본 정부는 과연 이 사실에 대해 눈곱만큼이라도 생각해 본 적이 있는가?

나는 일본 정부에 특별히 바라는 것은 없다. 돈 몇 푼으로 해결될 수 있는 게 아니기 때문이다. 그러나 일본 정부는 이 문제를 좀더 철저하고 진지하게 생각해야 할 것이다.

(『證言』 II)

다음과 같은 고발도 있다. 필리핀인 올텐시아 마르티네스의 말이다.

일본 정부에 대해서는 내가 겪은 일의 진실을 규명해 줄 것을 강력하게 요구한다. 그리고 가능하다면 나를 맨 처음 강간한 일본 병사를 고발하고자 한다. (『證言』 III)

이상과 같은 발언에는 공통적으로 종군위안부 문제를 마음

깊이 진지하게 다루지 않는 지금의 일본 정부에 대한 뿌리깊은 불신감이 배어 있다.

일본 국가를 고발한다: 인간 존엄성 회복

필리핀의 프리실라 발토니코는 이렇게 호소하고 있다.

내가 여러분에게 말하고 싶은 것은 전쟁시기 동안에 여성들에게 가해진 폭력은 인권침해 중에서 으뜸가는 것이라는 사실이다. 전쟁이 일어난 곳에는 반드시 이와 같은 피해가 발생하고 노예상태가 되는 사람들이 생겨난다. 여성들이 특히 그렇다.

이와 같은 일을 없애기 위해서 여러분과 힘을 합칠 수 있기를 바란다. 정의는 언젠가 반드시 구현되어야 할 것이라고 생각한다. 내가 잃어버린, 인간으로서의 존엄성을 지금이라도 되찾고 싶다. 그것을 위해서 나는 노력할 것이다.

일본 정부는 과거 '종군위안부'였던 여성들에 대해 정식으로 합법적이고도 개인적인 보상을 해야 한다. 피해자와 그 가족에 대해서도 정식으로 사죄해야 한다. 변명이 아니라 사죄(apology)할 것을 요구한다. 그렇게 함으로써만이 전쟁중에 짓밟혔던 나의 명예를 다시 찾을 수 있을 것이다.

나는 '종군위안부'라고 불리고 있지만, 결코 일본 병사들로부터 돈을 받은 적이 없다. 우리는 몸을 팔고 있었던 것이 아니다. 일본 정부는 성실하게 대응해 주어야 한다고 생각한다. (『證言』V)

나아가 필리핀의 토마사 살리녹은 다음과 같이 호소한다.

전쟁 피해자 가운데 살아남은 한 사람으로서 내가 할 수 있는 일은 오직 나의 경험을 가지고 모든 정부와 국제사회를 향해, 전쟁이 불러일으키는 여성에 대한 폭력에 관한 교훈을 일깨워주는 것이다. 그러나 일본 정부가 우리에게 부과한 그 책임을 외면하는 한, 이 교훈 또한 배우지 못할 것이고 목적을 완전히 달성할 수도 없을 것이다.
　나는 일본 정부가 모든 성노예제도의 피해자에 대해 그 법적인 책임을 다하고 성의 있는 사죄를 하고 보상할 것을 요구한다. 이것만이 내가 이해할 수 있는 유일한 정의의 표현이다. 단순히 말만으로는 내가 겪은 굴욕과 고뇌를 가라앉힐 수는 없을 것이다. (『證言』Ⅲ)

여기서는 전쟁과 여성에 대한 성폭력의 불가분의 관계가 예리하게 지적되고 있다. 여성에 대한 성폭력은 가장 큰 인권침해이기 때문에, 인간으로서의 존엄성 회복을 절실하게 바라고 있다.

그리고 민간모금이 아니라 국가가 정식으로 보상할 것을 요구하는 이유에 대해서 한국의 김음례 씨는 다음과 같이 말한다.

정말로 이루 말로 다 표현할 수 없는 쓰라린 체험을 했다. 그런데 지금에 와서도 일본이라는 나라는 너무도 잔인한 짓을 하고 있다. 자기들이 죄를 저질러놓고 모른 체하고 있다. 게다가 지금은 민간으로부터 모금을 하는 방법으로 이것을 해결하려는 듯한 말을 하고 있다. 나라가 범죄행위를 저질러 놓고 민간에게서 모금하는 방법으로 이것을 해결하려고 한다는 것이 말이나 되는 일인가.

'불쌍하다'면서 동정해서 주는 돈은 절대로 받을 수 없다. 인간으로서 살아가는 데는 돈보다 훨씬 더 중요한 것이 있다. 국가가 지불하는 배상금을 받아서 정정당당하게 살아가고 싶다. (『證言』V)

국가범죄이기 때문에 당연히 국가가 배상해야 한다는 논리와 이 논리가 관철될 때 비로소 단순히 돈 문제가 아니라 인간의 존엄성이 회복된다는 주장이다.

일본 국가를 고발한다: 항구적 평화를 위해서

일본 국가에 대한 고발을 마무리하면서, 다시 한 번 필리핀의 헨슨 사례를 살펴보고자 한다.

필리핀을 침략한 것은 일본이라는 국가이다. 군대가 우리를 성노예로 만들었던 것도 국가정책이었다. 일본 정부가 직접적이고 전면적인 책임을 져야 한다. 국가 책임으로 보상하지 않고서 어떻게 민간모금으로 끝내려고 하는가. 이것은 정부의 책임을 민간인에게 전가하는 책임회피이다.

그러면서 다음과 같이 결론을 내리고 있다.

나를 포함한 다른 필리핀인들과 아시아 모든 지역에서 성적 노예가 되었던 희생자들은 일본 군대의 폭력에 의해 몸도 마음도 다 상처를 입었다. 일본 군대의 그 폭력에 대해 나는 분노를 표한다.
일본 군대의 성적 노예가 되었다가 살아남은 사람으로서 나는 전쟁과 군국주의가 어떻게 여성을 성적 노예화하고 여러 전쟁희생자들에게 폭력을 가했는가를 말할 수 있는, 살아 있는 증인의 한 사람이다. 전쟁이 다시는 일어나지 않기를 바라 마지않는다. 어린아이들이나 또 그 자손들을 위해서.
나는 제2차 세계대전 시기에 일본 군대의 야만적인 행위에 희생당한 나 자신이나 그 밖의 전쟁희생자들을 위해서 정의를 되찾을 수 있기를 간절히 바라면서, 나의 이름을 밝했다. 하지만 이것만은 아니다. 더 중요한 것이 있었다. 나는 젊은 세대들을 가르치고 전쟁의 사악함에 관해 이 젊은이들의 자각심을 드높여주고 평등한 관계를 위한 연대를 더 한층 강화하고, 특히 필리핀과 일본 국민들간의 진실하고 항구적인 평화와 우정을 쌓는 데 도움이 되기를 간곡히 바라는 마음에서 나의 이름을 밝혔다.

일본인의 책임

과거 종군위안부였던 사람들이 입은 신체적 상흔 그리고 정신적 외상과 PTSD, 이것들은 종군위안부로서의 체험이 얼마나 가혹하고 굴욕에 가득 찬 것이었는지를 상상하고도 남음이 있게 해준다. 이것을 상상할 수 없는 사람은 아마 인간적인 감정을 상실한 사람일 것이다.

이들 종군위안부는 인간 존엄성의 회복을 바라면서 용기를 내어 자신들이 위안부였던 사실을 실명으로 밝히고 일본 국가를 엄중하게 고발하고 있다. 이것은 과거의 문제일 뿐 아니라 현재의 문제이기도 하다.

우리 일본인들은 이와 같은 사태 앞에서 어떻게 대답하고 책임져야 할 것인가. 이 문제와 관련하여 다양한 움직임이 있고 운동도 전개되고 있지만, 나는 이 책에서 종군 위안소와 위안부의 실태를 분명하게 밝히는 데 중점을 두고자 한다.

우리는 종군위안부 문제 같은 새로운 윤리 및 시각을 제기하는 문제에 직면해서는, 종군위안소의 설치과정이라든가 설치이유 또 종군위안부의 조달 및 대우 등에 관해 구체적으로 밝힐 책임이 있다. 이를 위해서는 문서와 구술자료, 기록 등에 의거하여 이 자료들에 대한 사료적 비판을 가하고 또 검증된 역사방법론을 가지고 사실과 사실 상호간의 연관성을 객관적으로 확인하고 진실을 파악함으로써 종군위안소와 종군위안부의 모습을 그려내야 할 것이다. 하나의 사실을 확인하기 위해서 쟈료의 의미에 관한 이해를 둘러싸고 씨름함으로써 그 의미를 명확하게 해야 할 것이다. 이럴 때만이 비로소 확고한 사상이 구축된다고 할 수 있을 것이다. 이와 같은 기초작업을 간과한 종군위안부론은 사상누각에 불과하다고 본다.

현재 진실을 확인하는 작업은 이미 많은 사람들에 의해 진행되고 있지만, 나 역시 이 대열에 참가하고 싶다.

왜 이 책을 쓰고자 했는가

나는 일본의 중학교 역사 교과서와 고등학교 일본사 교과서 집필진에 참여하고 있다. 두 교과서 모두 검인정 교과서(日本書籍版)이다. 1997년판 중학교 교과서의 개정작업을 추진해 나가는 과정에서 내가 발의하여 종군위안부 문제를 본문에 싣기로 했다. 그리하여 집필 담당자는 "여성을 위안부로 종군시키고 심한 학대를 했다"는 문구를 썼다. 검정 결과가 발표되자 다른 출판사의 교과서도 일제히 종군위안부에 관해 서술했다.

이에 대해 도쿄대학교의 후지오카 노부가쓰(藤岡信勝) 교수를 비롯한 일부 학자들은, 위안부는 민간업자가 데리고 다니던 단순한 매춘부에 불과하며 그것을 교과서에 싣는 것은 반일사관(反日史觀), 자학사관(自虐史觀)의 발로이라며 맹렬하게 공격하면서 교과서에서 그 부분을 삭제할 것을 요구하는 운동을 전개했다. 후지오카 등의 주장은, 국가주의적 입장에서 볼 때 이것은 국가에 대한 모독과 비방이므로 학문적 검토의 대상이 될 수 없다는 것이다.

그러나 나는 문외한이면서(나의 전공은 일본 근세사와 부락 문제론이다) 이른바 종군위안부 문제에 관해 내 눈으로 직접 자료를 검토하고 그 본질을 확인해야겠다고 마음먹었다. 그리고 그 성과를 강의를 통해 알려야겠다고 생각하여 1997년에 담당했던 일반교양 과목인 일본사 시간에 10회에 걸쳐 강의했다.

이 강의를 바탕으로 해서 자료(문서·수기·증언)를 새롭게 구성하여 종군 위안소와 위안부에 관한 사실들의 연관성을 최대한 입체적으로 묘사하려고 시도한 것이 이 책이다. 문외한인 내가 굳이 이와 같은 무모한 시도를 한 것은 교과서 집필자로서의 사회적 책임을 다하고 싶다는 생각 때문이다.

이 책은 자료 면에서는 요시미 요시아키(吉見義明)와 하야시 히로시(林博史) 등 역사연구자들이 수집한 자료와 정대협·정신대연구회가 채록한 증언, '전쟁희생자를마음에새기는모임'과 국제공청회실행위원회가 개최한 모임에서의 증언 그리고 '필리핀인종군위안부보상청구재판변호단'의 증언기록, 헨슨의 회상기를 비롯하여, 센다 가코(千田夏光)·가와타 후미코(川田文子)·니시노 루미코(西野留美子)가 채록한 자료를 근거로 하고 있다. 이 사람들의 피눈물나는 고생을 생각하면 이런 식으로 책 한 권을 낸다는 데 내심 부끄러움을 금할 수 없다. 그러나 문외한인 내가 종군위안부의 전체적인 상을 그리는 하나의 시도로서 받아들여 주기를 바란다.

그 밖에 자료인용의 경우 독자의 편의를 위하여 적절하게 문단을 나누었다.

[군부는 조직적으로
위안소를 설치했다]

설치과정
군부가 조직적으로 설치하다
무엇 때문에 만들었는가

설치과정

제1차 상하이사변

1931년 9월 18일에 관동군 참모 이타가키 세이시로 대령과 이시하라 간지 중령 일파는 모략을 책동하여 펑톈(奉川) 교외의 류죠(柳條) 호에서 만철(滿鐵) 철도를 폭파하고 기습하여 만철 철로변의 도시를 무력으로 제압했다. 일본 내각은 더 이상 확대시키지 않는다는 방침을 결정했지만, 관동군은 이미 일어난 사건을 빌미삼아 전선을 확대해 나갔으며 4개월 반 후에는 만주 전역을 점령했다.

이듬해 1932년 1월, 군부는 열강의 시선을 분산시켜 그들이 만주의 '독립'공작에 주의를 기울이지 못하게 하기 위해 상하이사변을 일으켰다. 상하이 연안에 순양함대를 증파하고 있던 일본 해군은 모략사건을 계기로 중국 군대와 충돌했으나 중국 군대의 격렬한 저항으로 해군의 육전대(陸戰隊)는 고전을 겪었다. 육군도 증원부대를 파견했지만, 5월 5일에 일본군의 철수를 결정한 정전협정이 체결되었다.

상하이 주재 영사관 경찰서의 연혁지에는 다음과 같이 씌어 있다. "1932년 상하이사변 발발과 함께 이 지역의 아군 주둔군이 증원됨으로써, 이 지역 병사들의 위안기관의 하나로 해군위안소(사실상의 유곽-인용자)를 설치해 현재에 이르다."(吉見義明 編集·解說, 『從軍慰安婦資料集』 34, 大月書店, 1992. 이하 『資料集』).

이렇게 제1차 상하이사변에 즈음해서 상하이에 '해군위안소'가 설치되었다. 여기서 '현재에 이르다'라는 것은 1938년 현재도 존속하고 있다는 뜻으로, 1936년의 상하이 영사관 문서에는 다음과 같이 되어 있다. "7개소는 해군 하사관 전용으로 지방손님은 절대로 받지 못하게 되어 있으며, 또한 작부의 건강진단도 육전대원 및 이 영사관 경찰관리의 입회 아래 주 2회 전문의가 실시하며, 이외에도 위안소에 대해서는 해군측과도 협조단속을 엄격하게 하며 또 신규개업은 허가하지 않고 있다."(『資料集』 2) 문서의 '지방손님'은 민간인을 지칭하며 또 '건강진단'은 종군위안부에 대한 검진, 즉 성병검사를 가리킨다.

한편 육군도 해군을 본떠서 종군위안소를 설치했다. 상하이 파견군 고급참모인 오카베 나오사부로 대장은 1932년 3월 14일의 일기에 이렇게 썼다.

요즈음 병사들이 여자를 찾아 여기저기 돌아다니고 수상한 소문도 자주 들린다. 이것은 군이 평시상태가 되기 전에는 피할 수 없는 일인지라 오히려 적극적으로 설치하는 것을 허가하고 병사들의 성문제 해결책에 관해 여러 가지로 배려하여 그 실현에 착수했다. 주로 나가미 중령이 이 일을 맡기로 했다. (『岡部直三郞大將の日記』, 芙蓉書房, 1982)

여기서 '수상한 소문'은 아마 강간사건을 지칭할 것이다.
또 오카무라 야스시 대장도 "1932년 상하이사변 때 두세 건의 강간죄가 발생했기 때문에 파견군 참모부장이었던 나는 동 지역 해군을 본떠서 나가사키 현지사에게 요청하여 위안부 집단을 데려왔다"고 쓰고 있다(稻葉正夫 編, 『岡村寧次大將資料: 戰場回想編』, 原書房, 1970).
전시의 강간과 종군위안소 설치의 관계에 관해서는 뒤에서 자세히 설명하겠지만, 여기서는 육군에서도 종군위안부 설치를 파견군 고급참모가 기획하고 지시했다는 점과 현지사를 매개로 해서 종군위안부를 불러들였다는 점을 확인해 둘 필요가 있다.

중일 전면전 시작

1937년 7월 7일 베이징 외곽에서 발생한 노구교(盧溝橋) 사건을 계기로 중국과 일본 양국은 전면전쟁으로 치달았다. 일본 군대가 선전포고도 없이 일방적으로 시작한 침략전쟁이었다. 사건이 일어났을 당시 육군은 전쟁 확대를 주장하는 측과 확대하지 말 것을 주장하는 측으로 분열되어 있었으나, 고노에(近衛) 내각은 화북파병(華北派兵)을 결정하였고 현지의 군대는 베이징과 톈진(天津) 지역을 점령했다. 이어 일본 군대는 상하이까지 침공하였으며, 마침내 8월 15일 고노에 내각은 다음과 같은 정부성명을 발표하고 전면전 개시를 선언했다. "제국으로서는 이미 인내가 한도에 이르렀다. 중국 군대의 잔혹하고 도리에 어긋나는 행동에 대해 잘못을 뉘우치도록 징계함으로써 난징 정부의 반성을 촉구하기 위해 지금 당장 단호한 조치를 취하지 않을 수 없는 지경에 이르렀다."

3개월에 걸친 격전의 상하이전투는 11월 11일 일본 군대가 상하이 전지역을 소탕함으로써 종결되었다. 그리고 일본 군대는 중국 정부가 소재해 있던 난징(南京)으로 침공을 확대하여 마침내 12월 13일 난징을 점령했다. 상하이에서 난징으로 진격해 가면서 곳곳에서 수많은 중국 병사와 농민들을 살상하였으며 난징의 전투지역에서도 닥치는 대로 학살과 약탈, 방화를 자행하였다. 난징을 점령한 뒤에도 남녀노소 가리지 않고 패잔병과 양민들을 학살하고 강간·윤간하고 약탈을 서슴지 않았다. 바로 이것이 난징 대학살사건으로 알려져 있는 바이다(笠原十九司, 『南京事件』, 岩波書店, 1997 등).

본격적인 종군위안소 설치

이렇게 점령한 상하이와 난징에 종군위안소가 설치되었다. 상하이 주재 영사관 경찰서 연혁지의 「1938년 체류 본국인 중 특별 여성의 상황 및 그 단속과 조계 당국의 사창단속 상황」에는 다음과 같이 기록되어 있다.

…그런데 이 업자 역시 이번 사변이 발발하면서 한동안 본토(일본-인용자)에 피란해 있었지만 작년 12월경에는 원상태로 복귀하였으며 그후 체류 본국인들이 급격히 늘어나면서 (상하이의) 스에히로에 유곽을 늘려 12월 말 현재 사실상의 유곽은 11개소(해군위안소 7개소 포함), 고용되어 있는 작부는 191명(본국인 171명, 조선인 20명)으로 전년 대비 73명이 늘어났음. 그래서 일반 유곽 4개소는 대부분 체류 본국인을 고객으로 하고 나머지 해군위안소 7개소는 해군 하사관 전용으로 일절 지방손님은 접대하지 않음. 또 작부의 건강진단도 육전대 및 당 영사관 경찰관리가 입회하여 주 1회 전문의가 실시하고 있으며, 당 영사관 내 그 밖의 다른

지역에 육군위안소 임시 작부 300명이 있음.(『資料集』34)

이것은 상하이를 침공한 지 1년여가 지났을 때의 상황이다. 이로써 당시 상하이에는 해군위안소 7개소와 육군위안소의 '작부'(즉 군위안부) 300명이 있었다는 것을 알 수 있다. 육군위안소가 해군위안소를 훨씬 더 상회했다는 점은 분명한데, 아무튼 짧은 기간에 맹렬한 기세로 육군위안소가 설치되었던 것이다. 하지만 영사관은 육군위안소의 실태를 잘 파악하지 못하고 있었던 것으로 보인다.

그러면 중일전쟁 당시 상하이에 언제쯤부터 어떤 방식으로 육군위안소가 설치되었을까. 오바야시 기요시의 책에는 다음과 같은 이야기가 실려 있다(大林淸,『玉の井挽歌』, 靑蛙書房, 1983). 간략하게 소개하면 이렇다.

1937년 11월에 다마노이의 명주옥 조합장(명주옥은 유곽의 상호이며, 당시 그곳은 사창가를 이루고 있었음)은 육군성이 보낸 전보 한 통을 받았다. "오는 20일 오전 10시 육군성에 출두 바람."

명주옥 조합장은 전보를 받고 잔뜩 겁을 먹고 가보니 가메이도를 비롯하여 그 밖의 유곽 주인들도 출두해 있었다. 그 자리에서 육군 소령은 다음과 같이 입을 열었다.

전선의 장병들이지만, 전쟁이 오랫동안 계속되다 보면 부

자유스러운 일이 생기게 마련이다. 특히 혈기 왕성한 병사들로서는 성욕을 어떻게 발산할 것인가가 큰 문제이다. 이것을 적당히 처리하지 못하면 사기에도 영향이 미치는 바이다. 이와 같은 문제는 전문가인 여러분이 더 잘 알고 있겠지만….

그래서 여러분에게 부탁하는 바이지만, 군대의 위안을 위해 접대부를 긴급하게 모아서 전투지역으로 데려가 주기 바란다. 즉 군을 대신해서 위안시설을 개설해 주었으면 좋겠다는 뜻이다. 아무튼 전선은 광범위하게 퍼져 있기 때문에 본토는 물론이고 대만과 조선에서도 자발적 혹은 군의 요청으로 이미 많은 처녀들이 대륙에 건너와 있지만, 오늘 여기 참석해 주신 다마노이나 가메이도 지구의 여러분에게도 부디 협력을 부탁하는 바이다. 파견지역은 일단 상하이를 기점으로 해서 중부 방면이고 거처는 군에서 준비할 것이고, 식사 배급 및 그 밖의 이동에 관해서도 일체 군요원이 맡아서 수행할 것이다.

요컨대 업자 여러분이 자발적으로 이것을 운영하는 형식을 취해 달라는 말이다. 아무래도 군이 창녀집을 경영한다는 것은 어불성설 아니겠는가.

다마노이에서는 조합장인 구니이가 갔었는데 위안소 설립장소는 상하이로 지정되었다.

이것과 부합되는 이야기를 센다 가코도 채록해 놓았다(千田

夏光, 『從軍慰安婦』, 雙葉社, 1973. 이후에 講談社文庫). 이에 따르면 상하이에서 군에 기생하는 '일종의 흥신소'를 차려놓고 있던 다구치 에이조(가명)는 1937년 말에 위안부를 모집해 오라는 명령을 받고 군용선을 타고 일본으로 돌아왔다. 이것은 군사 기밀 사항이었지만, 그는 북규슈의 사창굴에서 그곳 사람들의 협력을 받아 100명이 넘는 창녀를 모집해서 군수송선을 타고 중국으로 건너갔다. 여자들을 모집하기 위해서 군의 지시로 선수금 1천 엔을 건네주기까지 했다.

이상의 두 가지 사실을 종합해 보면 1937년 10월경에 육군은 상하이 등지에 위안소를 설치, 운영하는 것을 계획했고 육군성은 일본 본토의 사창굴에 명령을 내려서 혹은 현지의 군이 일본 본토에 뚜쟁이(중개업자)를 파견하여 일본인 창녀들을 종군위안부로 상하이에 데려오게 했던 것이다. 대만이나 한국 사람들 역시 실려갔다. 이렇게 해서 먼저 상하이에 육군위안소가 설치되었다.

상하이의 육군위안소 개설에 관해서는 규슈 대학 의학부를 졸업하고 산부인과 의사를 하다가 1937년 11월에 소집되어 육군 위생부 견습사관으로 상하이 병참병원에 근무했던 아소 데쓰오의 증언이 있다(麻生徹雄, 『上海より上海へ』, 石風社, 1993). 당시 외과병동에 근무하고 있었던 아소는 밤이고 낮이고 부상자를 치료하느라 눈코 뜰 새가 없었다. 그런데 1938년 '초 무렵' 군 특무부로부터 다음과 같은 호출명령을 받았다.

아소 군의관은 조만간 개설될 육군오락소를 위해 곧바로 그곳 미로사경(美路沙涇) 소학교에 대기중인 부녀자 100여 명의 신체검사를 실시할 것.

"우리 일행과 군의관, 병사 그리고 복민병원 간호사 두 명을 합해서 모두 11명이 곧바로 출발했다. 이것은 중일사변 이후 대동아전쟁 기간 동안 병참사령부의 임무로서 위안소 관리의 효시였다"고 아소는 평가하고 있다. 이렇게 볼 때 상하이에 1938년 초에 육군위안소가 개설되었던 것은 틀림없다.

다음으로, 난징의 육군위안소 설치과정을 살펴보기로 하겠다. 상하이 파견군 참모장 이이누마 마모루 육군소장은 난징 작전이 한창이던 1937년 12월 11일의 일기에 "방면군으로부터 위안시설 건에 관한 서류가 와서 실시하도록 처리함"이라고 쓰고 있다(『南京戰史資料集』, 偕行社, 1989). 또 상하이 파견군 참모부장 우에무라 도시미치 대령은 12월 28일의 일기에 "난징의 위안소 개설에 관해서 제2과 안을 심의함"이라고 쓰고 있다.

이처럼 12월에는 중국 중부방면군의 지시에 따라 난징에서도 종군위안소 설치계획이 가다듬어지고 있었다. 그리고 1938년 4월 16일 난징의 육군성·해군성·외부성 3성 관계자 합동 결정 사항에 "육·해군 전속 주점 및 위안소는 육·해군이 직접 경영·감독할 것"(『資料集』 32)이라고 되어 있는 것으로 보아, 마침내 난징에도 종군위안소가 설치되었던 것 같다.

난징의 위안소 설치와 관련해서 요시미 요시아키는 다음과 같이 지적하고 있다.

1937년 12월, 중국 중부방면군(사령관은 마쓰이 이와네 대장, 참모장은 쓰카타 오사무 소장)은 종군위안소를 설치할 것을 지시했고 이 지시를 받은 상하이 파견군에서는 참모 제2과(후방 담당)가 안을 만들어 참모장 이사무 중령에게 난징의 종군위안소 설치를 담당토록 하고 있다. 마쓰이 이와네 군사령관은 같은 해 12월에 발생한 난징 대학살사건의 책임을 물어 전후에 도쿄에서 열린 극동국제군사재판에서 사형 판결을 받았다. 이 법적 논리에 따른다면, 종군위안부 문제에서도 군사령관 마쓰이 대장의 책임 또한 막대할 것이다.

(吉見義明, 「軍慰安婦制度の指揮命令系統」, 吉見義明・林博史 編著, 『共同研究: 日本軍慰安婦』, 大月書店, 1995)

다만 지금까지 서술해 온 과정에서도 밝혀지고 있듯이, 대량의 강간을 포함한 난징 대학살사건이 계기가 되어 종군위안소를 본격적으로 설치하게 되었던 것이 아니라 상하이 침략전쟁에서 이미 종군위안소의 본격적인 설치준비가 진행되고 있었다.

종군위안소의 체제 정비

상하이에서 난징으로 가는 중간 지점에 있는 창저우(常州)에도 일본 군대가 주둔하여 종군위안소가 세워졌다. 1938년 1월 20일자 독립공성중포병(獨立攻城重砲兵) 제2대대장의 '상황보고'에는 "위안설비는 병참이 경영하는 곳 및 군 산하부대가 경영하는 곳 2개소가 있다. 정해진 날 간부 인솔하에 가며 소요시간은 부대당 약 한 시간을 배당하고 위생상의 검사를 위해 군의관을 사전에 입회시켜 검진토록 한다"고 되어 있다(『資料集』 39). 또 이 독립공성중포병 제2대대 제2중대의 1938년 2월부터 3월까지의 '진중일지'가 남아 있는데, 이것을 보면 종군위안소의 체제가 어떻게 정비되어 가는지 그 과정을 알 수 있다(『資料集』 40).

2월 1일에는 "결정된 오락소의 일정배당 순서를 지시함. 갈 때는 반드시 외출증명서를 지참할 것. 지급한 예방약 성비고(星秘膏)는 반드시 지시한 대로 사용할 것"이라고 기록되어 있다. 종군위안소는 부대 밖에 있었고, 그 때문에 '외출증명서'가 의무사항으로 되어 있다. 여기서 성비고는 성병 예방약을 말하는데, 이 시기에는 아직 콘돔이 지급되지 않았던 것 같다.

2월 24일에는 종군위안소의 사용시간이 변경되어(따라서 그 이전에 이용시간이 정해져 있었다), 하사관은 오전 10시부터 11시까지, 병사는 오후 3시부터 4시까지였다. 시간이 짧은 것이 특징인데, 종군위안부의 수가 아직 채워지지 않았던 것인지 아니면 간부 쪽에서 위안소의 이용을 억제하는 경향이 있었던 것인지, 둘 중 하나일 것이다.

또 3월 3일에는 "외출증을 휴대하지 않고 위안소에 간 자가 있고 또 정해진 날짜가 아닌데도 간 자가 있음"이라고 쓰면서 주의를 촉구하고 있다. 이것을 보면 이미 그전부터 부대마다 위안소의 이용날짜가 정해져 있었던 것 같다. 나아가 "위안소 규정 중 필요한 사항 및 주의사항을 아래와 같이 지시한다"면서 다음과 같이 열거하고 있다.

1. 하사관·병사의 입구는 남쪽 동문으로 한다.
2. 가격
   중국인 1엔, 조선인 1엔 50전, 일본인 2엔
3. 돈은 반드시 지불할 것
4. 시간은 대략 한 시간 이내
5. 방독(성병예방-인용자)에 주의할 것
6. 음주자의 출입을 금한다.

종군위안소 규정이 상당히 정비되어 있음을 엿볼 수 있다. 그리고 일찍부터 일본인뿐 아니라 중국인과 한국인도 종군위안부로 되어 있었다는 것을 알 수 있으며, 나아가 주목할 만한 것은 일본인-한국인-중국인 순서로 서열이 차별화되어 있었다는 점이다.

하지만 설령 종군위안소의 규정이 정비되어 있었다고 해도 그것이 제대로 지켜지고 있지는 않았다고 보아야 할 것이다.

3월 11일자 진중일지를 보면, "하사관으로서 밤에 위안소에 간 자가 있는데, 어제 헌병대가 확실한 증거를 잡음"이라고 되어 있다. 야간이용은 장교에 한정되어 있었던 것이다. 또 "타부대에 배당된 날에 가는 자가 있음"이라든가 "위안소에서 행동을 조심하게 할 것"이라는 기록이 있고, 병사나 하사관 가운데는 상부에서 하달된 규율을 무시하는 자도 있었다.

그리고 군 간부는 장병들의 성적 행동을 위안소 내부에 한정시켜 놓으려고 했으나, 3월 16일자 기록에 "부대 안팎에서 부녀자에게 폭행을 가하려고 한 자 있음" "함부로 민가에 들어가 부녀자를 찾는 자 있음"이라고 되어 있는 것으로 보아 위안소를 설치했음에도 불구하고 강간은 끊이지 않았던 것이다. 이날 일지에는 또 위안소와 관련하여 매월 15일을 공휴일로 한다고 기록되어 있다.

전선의 확대와 종군위안소 설치

1938년 5월, 일본 군대는 텐진과 난징을 연결시켜 주는 요지인 쉬저우(徐州)를 공략했다. 이어서 한커우(漢口)를 공략해서 장제스(蔣介石) 정권을 더욱더 오지로 몰아넣는 한편, 광둥(廣東)을 공략해서 장제스 정권의 보급로를 차단한다는 작전을 세워 10월에 대규모 병력을 동원해서 한커우를 점령했다. 또 같은 달에 광둥을 점령했다. 그러나 장제스 총통은 "전면적 저항을 전개한다"고 선언하면서 굴복하지 않았다. 여기에서 일본 군대의 군사동원도 한계에 달해 중국 전선은 교착상태에 빠졌을 뿐 아니라 오히려 홍군(紅軍)을 중심으로 하는 항일 유격전에 시달리면서 장기적인 소모전을 강행하게 되었다. 중국과의 전쟁은 장기적으로 수렁에 빠져 들어가는 형국이 되었던 것이다.

일본 군대는 한커우를 점령하자마자 곧바로 이곳에도 위안소를 설치했다. 상하이 주재 총영사대리가 외무대신 우가키(宇垣)에게 보낸 1938년 9월 28일자 '한커우 공략 후 본국인 진출에 대한 응급조처 사항'에서는 다음과 같이 말함으로써, 영사관이 '종군위안소 개설' 관계자의 한커우 진출을 우선적으로 인정하는 특권을 부여하고 있다(『資料集』10). "(한커우) 거류민 이외의 진출은, 복귀를 희망하는 거류민을 수송하는 데 여유가 생길 때 하되 진출 후 신속하게 영업을 개시할 수 있는 자부터 우선적으로 하는 것을 인정한다. 또 군대위안소 개설을 위해 진출하는 자는 이외에도 또 있다."

아마 이것은 군의 강력한 요청이 있었기 때문이었을 것이다. 그리고 1938년 12월 말의 조사에 따르면, '요리집, 위안소'(업자를 지칭하는 듯함)가 한커우에 16명, 무창(武昌)에 45명, '기생, 작부'가 한커우에 200명, 무창에 292명 있었다(『資料集』38). 이 가운데는 종군위안소의 민간업자와 종군위안부도 포함되어 있었을 것이다. 또 "한양(漢陽)에는 종군위안소 관계자가 13명 체류"하고 있다고 되어 있다. 이와 같은 사실에서 점령 후에 종군위안소가 빠른 속도로 설치되었던 양상을 짐작할 수 있다. 나아가 1939년 2월에는 한커우에 "종군위안소 20개소 (이는 병참과 헌병대 그리고 당 영사관이 허가한 업소로서 아직 개업하지 않은 곳도 있음)"가 있었다(『資料集』11).

한편 이들 종군위안소를 개설할 때 한커우에 주둔해 있는 부대가 독자적으로 일본 본토에 종군위안부의 파견을 요청하는 경우도 있었다. 노무라(野村) 외무대신이 한커우 총영사 하나와(花輪)에게 보낸 1939년 12월 23일자 전신문에는 다음과 같이 되어 있다. "한커우 주재 가가와(香川) 현 아마야 부대에서는 종군위안소를 설치하기 위해 50명의 여자를 모집하는 취지로써 위 지역으로 인솔해 오는 것을 허가해 달라고 해당 관청에 신청한 자가 있으며, 또 그 현의 관계 군측으로도 이런 취지의 알선을 신청하는 서류가 접수되어 사정상 부득이하다고 판단되므로 허락하라는 취지의 통보를 내무성으로부터 받았음."

이 아마야 부대의 고향으로부터 데려온 여성들 가운데는 "군에 정식 수속절차를 밟지 않은" 경우도 있어서 당연히 영사관도 연락을 받지 못했다(『資料集』12). 여기서 알 수 있는 것은, 일본 본토로부터 종군위안부를 불러오는 것은 군사령부의 허가를 받는 것을 원칙으로 했다는 점이다.

그리고 1938년 12월 10일자 '제2군 상황 개요'에 따르면, 한커우와 한양에서 "외출은 경비 제일주의에 기초하여 당분간은 인솔하에 외출하되 위안소 출입을 위한 외출은 예외로 인정하며, 위안소는 11월 25일부터 개설하고 표를 발부하는 제도를 취해 혼란을 방지하고 또 황군(皇軍)의 체면을 지키는 데 계속 힘씀으로써 소기의 목적을 달성할 수 있기를 믿는다"고 되어 있다(『資料集』 43). 점령 초기에는 외출은 여전히 금지하면서도 위안소만은 예외로 하고 있는 점으로 보아, 종군위안소가 얼마나 중시되고 있었는지를 알 수 있다. '혼란을 방지'한다는 점에서는 위안소가 성황을 이루었을 것이라는 것도 짐작할 수 있다.

일본군 주둔지에는 위안소가 있다

지금까지 살펴본 상하이와 창저우, 난징, 한커우(무창 및 한양 포함) 외에, 자료를 통해서 1938년에 위안소가 설치된 것이 확인되는 곳은 상하이 남쪽의 항저우(杭州)에 남자 4명(운영자인 것 같음), 난징 인근의 전장(鎭江)에 8개소, 양저우(揚州)에 1개소, 단양(丹陽) 1개소 그리고 무한 남동쪽의 주장(九江)에는 일본인 업소 15개소 및 107명, 한국인 업소 9개소 및

143명이다. 단 이것은 체류 일본인에 관한 조사이기 때문에 중국인이 있었을 가능성도 배제할 수 없다. 이 밖에 "전체의 40%를 차지하는 이른바 특별 여성과 같은 부류는 군의 명령에 따라 이동하고 있는 상태"라고 기록된 문서가 있으며 또 샤먼(廈門, 해군위안소 여자 4명과 위안소 종업원 13명)이 있다.

광둥에 관해서는 이듬해인 1939년 4월의 『전시순보』(戰時旬報)를 통해서 파악할 수 있다(『資料集』 44). 여기서는 먼저 "위안소는 소관 경비대장 및 헌병대의 감독 아래 경비지구 내 장교 이하를 위해 개업한다"면서 종군위안소가 경비대장과 헌병대의 감독 아래 있음을 명기하고 있다. 그리고 "현재 종사하는 여성 수는 대략 1천 명 내외이며 군에서 통제하는 자는 약 850명, 각 부대의 고향에서 불러들인 자는 약 150명으로 추정된다"고 했으며, 이 850명에 관해서 개개 소속부대 및 장소에 따라 구분해 놓고 있다. 장소별 구분을 살펴보면 시내 159명, 광둥시 동부 223명, 광둥시 북부 129명, 허난(河南) 122명, 포산(佛山) 41명, 하이커우(海口)가 180명으로 되어 있다. 그리고 "이외에도 싼수이(三水), 주장(九江), 관요(官窯), 쩡천(增城), 석룽(石龍) 등지에도 설치되어 있지만 극히 소수여서 상세한 사항은 불분명함"이라고 기록되어 있는 것을 볼 때, 헌병대가 장악하지 못한 곳도 있었던 것이다.

또 광둥과 관련해서는 1939년 4월에 광둥에 주둔해 있던 제21군 마쓰무라 군의관 책임자가 다음과 같이 보고하고 있다.

성병예방 등을 위해 병사 100명당 1명 비율로 위안대를 수입함. 1400~1600명. 치료는 박애병원에서 실시하고 그 비용은 포주가 부담함. 매독 검사는 주 2회.

이것은 긴바라 세쓰조(金原節三)의 「육군성업무일지적록」 (陸軍省業務日誌摘錄)에 기록되어 있는 것으로서(吉見義明, 「陸軍中央と從軍慰安婦政策」, 『戰爭責任硏究』 創刊號), 육군 군의관 긴바라 세쓰조가 "육군성 국장회보, 동 과장회보, 의무국회보 등의 모습을 타의추종을 불허할 정도로 매우 자세하게 써놓은 귀중한 기록이다"(같은 글).

다시 인용자료로 돌아가면, 병사 1천 명에 종군위안부 한 명이라는 기준치를 근거로 해서 광둥에서는 1400~1600명의 종군위안부를 '수입'할 필요가 있었던 것이다.

이렇게 볼 때, 일본 군대가 주둔한 곳에는 종군위안소가 있었다고 해도 과언이 아니다. 어느 시점부터 그랬는지는 확인할 수 없지만, 종군위안소는 다음과 같은 방법으로 세워지기도 했다.

미야타니 시게오(宮谷重雄)는 「전쟁중의 나의 수치 고백」 (わが戰記恥さらし, 1985)에서 다음과 같이 회상하고 있다(林博史 構成, 「戰爭體驗記: 部隊史にみる從軍慰安婦」, 『戰爭責任硏究』 5號에서 재인용).

미야타니는 경리부의 경영과에 소속되어 있었는데, 건축을 전공한 대학생 출신이어서 야전창고의 빵솥을 만든다든가 작전이 가까워졌다는 이유로 야전에서 가건물을 설치하는 연습을 하곤 했다. 그러던 어느 날 경리부장으로부터 호출이 있었다.

"견습사관, 장교용 위안소를 만들도록 하라."

나는 너무나 놀랐다. 위안소라는 말이 낯설기는 해도 대충은 짐작이 갔기 때문에, 솔직히 이것 정말 큰일났다고 생각했다. 물론 학교 다닐 때 기생집 같은 것은 설계해 본 적도 없었다. 그러나 명령이기 때문에 어쩔 수 없이 학생시절에 호기심에 가본 적이 있는 창녀촌을 떠올리며 여남은 개의 일본식 방을 그럭저럭 만들어냈다. 경리부장은 '잘했다'고 칭찬해 주었지만, 무엇을 속이겠는가. 이 일이 나중까지 꼬리를 물고 이어진다는 것을, 신이 아닌 내가 깨달았을 때는 이미 너무 늦었던 것이다.

이윽고 뤄양(洛陽) 작전이 시작되었다. 달포쯤 지나 뤄양이 함락되어 잠시 한숨 돌리고 있는데, 며칠 뒤에 사단의 후방참모가 나를 직접 부르는 게 아닌가. 무슨 일인가 해서 달려가 보니 후방참모는 이렇게 명령했다. "미야타니 소위는 신속하게 민가를 개조해서 병사용 위안소를 만들라. 그런 다음 뤄양에서 여자들을 모아오도록." 세상에 이런 엉터리 같은 일이 또 있나. 대학까지 나와서 무슨 팔자로 삐집까지 짓게 되었단 말인가. 게다가 뚜쟁이처럼 여자들까지 꾀어서 데려오라니. 너무도 한심하다는 생각밖에 들지 않았지만, 명령은 명령이었다.

함께 갔던 목수 출신인 군속에게 위안소 짓는 일을 지시해 놓고, 소금 두세 포대를 트럭에 싣고는 뤄양 시내로 여자사냥에 나섰다. 나중에 들은 말에 의하면, 아무래도 이 명령은 바오터우(包頭)에서 위안소 지은 것이 성공한 데 힘입었던 것 같다.

아무튼 트럭을 몰고 뤄양을 빙글빙글 돌아다녔다. 나의 직감도 좋은 편이었던지, 두세 집에서 십수 명의 여자를 모으는 데 성공하여 부대로 끌고 올 수 있었다.

여기에서 '삐집'은 위안소를 지칭하는 것으로서 한국인 위안

창사(長沙) 위안소의 스케치(細川忠炬, 『戰場道中記』, 1992)

부는 '조센삐', 중국인 위안부는 '만삐' '지나삐', 일본인 위안부는 '니혼삐' 등으로 불렸다. '삐'는 중국어의 여성 성기를 나타내는 단어에서 유래한 것으로 알려지고 있다.

이곳 뤄양에서는 주둔군이 직접 중국인 주민(빈민가 여성이었을 것이다)을 '소금'을 미끼로 해서 사냥하고 있었던 것이다.

그리고 1939년 난창(南昌) 공략전이 시작되었을 때, 연대본부는 다음과 같은 의견서를 제출했다. "현재 특수 위안소는 위안부 숫자가 적어서 단순히 정욕을 채우는 데 불과하므로, 향후 위안부를 좀더 늘려서 정신적인 위안도 충족될 수 있도록 지도해 주기 바란다."(『資料集』 46) 한마디로 종군위안부를 더 늘려달라는 요구이다.

이들 도시뿐 아니라 일본군이 주둔해 있는 전선 곳곳에도 위안소가 세워졌고, 그곳에는 중국인과 한국인들이 갇혀 있었다(「新中國における日本人戰犯の供述書」, 『世界』 1998年 5月號). 그 수는 상당히 많았던 것으로 생각된다.

이처럼 "일본군 주둔지에는 위안소가 있다"고 말할 수 있는 상태가 조성되기까지의 전사(前史)로서 다음과 같은 사실이 있었음을 확인해 둘 필요가 있다.

청일전쟁과 러일전쟁 시기부터 일본 내외의 군대 매춘(買春)은 확대되어 군대가 주둔하는 곳에 매춘이 없는 곳이 없을 정도였다. 군사거점 주변에는 거의 군대 전용이라고 할

만한 유곽이 등장했다. (藤目ゆき, 『性の歷史學』, 不二出版, 1998)

아시아태평양 전쟁

1941년 12월 8일 미국·영국·네덜란드에 대한 전쟁이 발발하자, 일본 군대는 모든 전선에서 선제공격을 하여 우위에 섰다. 말레이시아를 점령하고 싱가포르 등지에서 영국 군대로부터 항복을 받아내고, 필리핀에서는 미군의 저항을 맞이하여 격전을 치렀으나 결국 점령하였다. 나아가 자바, 보르네오, 민다나오를 공략하였고 미얀마를 점령했다. 이렇게 해서 일본 군대는 동남아시아에서 남태평양에 이르는 광대한 지역을 제압하게 되었다.

한편 중국은, 육군으로서는 여전히 주요한 전쟁터였지만 수렁상태가 계속되고 있었다. 태평양 전선에서는 1942년 6월의 미드웨이 해전에서 일본 해군이 패배함으로써 전황이 바뀌어 전투의 주도권은 미군으로 넘어가 버렸다. 일본 군대는 각 전선에서 큰 타격을 입어 거의 괴멸 직전이었으며, 1945년의 오키나와 전투에서는 주민들까지 휩쓸려드는 비극적인 싸움이 전개되었다.

중국에서 "일본 군대가 주둔하는 곳에는 종군위안소가 있다"는 상태를 만들어가고 있던 일본 군대는, 동남아시아 국가들이나 남태평양 지역을 점령하자 그곳에서도 종군위안소를 설립해 나갔다. 그런데 여기서 매우 놀랄 만한 것은 전쟁이 시작되기 전부터 이미 현지조사를 하여 종군위안소 설치계획을 세워놓고 있었다는 사실이다.

긴바라 세쓰조의 「육군성업무일지적록」의 1941년 7월 26일자 항에는 "군의관 후카타 소령, 네덜란드령 인도네시아의 위생상황 시찰보고"가 있는데, 여기에 "네덜란드령 인도네시아 작전에 따른 위생상의 주안점"으로 다음 사항들이 적혀 있다.

현지 토착민에 대해서는 자상하고 성실하게 대해서 우리쪽(일본 군대-인용자)에 신뢰감을 가질 수 있도록 언동에 유의할 것이 요구됨. 대부분 회교도여서 일부다처인 점도 있지만 정조관념 또한 강하다. 만의 하나라도 강간 등을 해서 일본 군대의 기율에 불신감을 갖게 하는 일이 없도록 엄중한 주의를 요함. 한편 원주민은 생활난 때문에 매춘하는 자가 많음. 그리고 반동(풍토병), 기타 성병이 많으므로 촌장에게 할당해서 엄격한 성병검사를 실시하여 위안소를 설치하는 것이 요구됨.

이와 같은 식으로 주도면밀하게 예비조사를 한 다음에 홍콩, 프랑스령 인도네시아, 말레이시아, 싱가포르, 인도네시아, 필리핀, 미얀마 및 사이판 등 태평양제도에다 점령을 전후해서 종군위안소를 설치하였다. 그리고 한국의 부산, 일본의 오가사와라(小笠) 제도, 니이지마(新島), 오키나와 제도, 일본 본토의 지바(千葉) 현 모바라(茂原)나 기사라즈(木更, 西野留美子, 「日本國內の慰安所」, 『共同研究: 日本軍慰安婦』), 오이타(大分) 현의 나카쓰(中津)와 미야자키(宮崎)에도 만들었다. 이들 종군위안소에서는 일본인, 한국인, 대만인 그리고 현지인 들이 종군위안부로서 혹사를 당했다.

일본 육군은 진주만을 공격하기 한 시간 전에 말레이 반도를 기습 상륙하여 이듬해 2월 15일에 말레이 반도 전지역을 점령했다. 말라카에 주둔해 있던 보병 제11연대 제1대대 포소대(砲小隊)는 3월 20일에 대대로부터 다음과 같은 명령을 시달받았다. "위안소에서의 규정은 별지(생략함)대로 정함. 따라서 말라카 경비 및 주둔 규정 중 제5장 제18항은 삭제하고 위안소 이용 배정일은 휴무로 함(대대 포소대 위안소 이용 배정일은 매주 금요일로 함)."(『資料集』 75). "제1대대가 말라카에 온 것이 2월 26일이므로 한 달도 채 되지 않은 사이에 위안소가 개설되었다는 것을 알 수 있다."(林博史, 『マレー半島における日本軍慰安所について』, 『關東學院大學經濟學部一般教育論集: 自然・人間・社會』 15號) 또 크라필라에 주둔해 있던 보병 제11연대 제7중대는 4월 3일 "금일부터 위안소 문을 여니 오후부터 휴식토록 한다"는 시달을 받았다(『資料集』 77).

이어서 일본 군대는 1942년 2월 8일 싱가포르에 상륙하였고 15일에는 영국 군대가 항복하였다. 그 직후에 중국계 주민 수만 명을 학살했다. 이 학살이 일단락되었던 3월 5월자 중국어 신문 『소남일보』(昭南日報)에는 "접대부 구함"이라는 다음과 같은 광고가 실렸다.

각 민족의 접대부 수백 명을 모집함. 17세에서부터 28세 정도까지의 사람은 누구나 응모할 수 있음. 채용된 사람은 매월 보수 최소한 150달러(매월 휴가 1일). 그 밖에 응모시에는 본인에게 3달러, 그 소개자에게는 2달러 지급함. 응모 접수처는 비치 로드 래플스 호텔에 설치되어 있음. 매춘(매춘업) 경험자도 응모 가능함.

광고주의 이름은 밝혀져 있지 않지만, 접수처인 래플스 호텔은 군 병참이 관리하는 장교용 호텔이었기 때문에 일본 군대의 광고로 보아도 틀림없을 것이다. 여기서 '접대부'는 종군위안부를 말하는 것일 터이다(이상 싱가포르에 관해서는 林博史, 「シンガポールの日本軍慰安所」, 『戰爭責任研究』 4號 참조).

한편 오키나와에 관해서 살펴보자면, 오카나와에 대부대가 증강된 것은 1944년 8, 9월 들어서였고 그전까지는 오키나와 섬과 이에지마(伊江島)에 비행장이 정비되어 있는 정도였다. 이 비행장 건설 및 방위와 관련하여 1944년 3월 22일에 제32군이 신설되었다(山田朗,「沖龜戰の軍事史的意義」, 藤原彰 編著, 『沖龜戰と天皇制』 立風書房, 1987). 그후 곧 이어 이에지마에서 5, 6

월에 "건축 중대장은 소요 인원을 파악해서 가능한 한 신속하게 임시위안소 설비를 실시할 것"이라고 한 것처럼, 종군위안소가 '급조'되었다(『資料集』 87). 그리고 대부대가 증강되면서 오키나와 섬이나 그 주변 섬들의 각지에 종군위안소가 급속도로 만들어지게 되었다.

이 경우에는 민가가 종군위안소로 개조되는 경우가 많았다. 이 점과도 관련이 있는 것으로 보이는데, 주민들은 종군위안소 설치에 대해 강한 거부반응을 나타냈다. "이시(石)병단회보"의 9월 21일자 항에는 "타 병단 방면에서는 초등학교 학생들이 훔쳐보는 등 풍기상 허용 불가한 면이 있으므로 엿보지 못하도록 시설이 되어야 할 것"이라든가 "풍기상 기녀들이 부근을 멋대로 돌아다니지 않게 해달라고 주민들로부터 요청이 있으므로 장소에 따라서는 주의가 요구됨" 등과 같은 언급이 보인다. 또 12월 21일자 항에는 이렇게 기재되어 있다. "고쿠바 부근에 사는 한 주민은 위안소 시설을 혐오하면서 갖가지 고충을 제기하고 있으며, 그 밖에서도 호감을 얻지 못할 것이므로 새로 설치할 경우에는 촌장을 비롯한 마을 사람들과 좋게 절충점을 찾아 분쟁이 일어나지 않도록 주의할 것."(『資料集』 92)

그리고 오키나와의 위안부는 한국인과 오키나와인이 많았다. 오키나와 여성들의 경우에는 당시 기생이었던 쓰지 유곽의 매춘부들이 종군위안부가 될 수밖에 없었다(川田文子,「沖繩の慰安所」,『共同硏究: 日本軍慰安婦』).

군부가 조직적으로 설치하다

해군성의 공인 및 추진

지금까지 살펴본 종군위안소의 설치과정을 보더라도 위안소는 군부가 주도해서 조직적으로 설치했으며, 군이 단순히 '관여'하는 데 그친 것이 아니라는 점은 확실하다. 사족으로 덧붙이자면 매춘부를 데려오는 민간업자에게 편의를 제공하여 설치했던 것이 아니라, 일본 군대는 종군위안부를 조달 및 이용하기 위해서 위안소를 적극적으로 설치했던 것이다.

따라서 여기에서는 군이 단순히 '관여'했던 것 이상이라는 점을 군 중앙의 동향을 살펴봄으로써 확실하게 증명하고자 한다. 1938년 3월 4일자 육군성 병무국 병무과 기안인 "군위안소 종업원 등 모집에 관한 건"이라는 문서가 있다(『資料集』6). 이를테면 이 문서는 요시미 요시아키가 방위청 방위연구소 도서관에서 발견하여 『아사히신문』(朝日新聞)에 공표하면서, 정부가 군의 '관여'를 인정하지 않을 수 없게 만들었던 문서이다.

이 문서에는 "중국사변 현지의 위안소를 설치하기 위해 일본 본토에서 그에 관한 종업원을 모집함에 있어서" '종업원'을 모집하는 데 타당성을 결여하여 사회문제로까지 되고 있으므로 "앞으로 이들을 모집할 때는 파견군 쪽에서 통제하고 이를 담당할 인물 선정을 주도면밀하게 하며, 이것을 실시할 때는 관계 지방의 헌병 및 경찰 당국과 긴밀하게 연계하여 군의 위신 유지 면뿐만 아니라, 나아가 사회문제 면에서 밖으로 새어 나가는 일이 없도록 배려하기 바라면서 이 통지를 보낸다"고 되어 있다.

여기에서는 종군위안부 모집에 관해서 군이 '통제'하고 모집하는 사람을 군이 '선정'하되, 그에 관해서는 '헌병 및 경찰 당국'이 협력하도록 하고 있다. 즉 어떤 이유에서든 육군성이 파견군에 의한 종군위안소 설치를 공인하고 있음을 전제로 한 지시이며, 파견군이 종군위안소 설치의 직접적인 주체가 되어 있음을 나타내고 있는 것이다.

더구나 이 문서는 우메즈 요시지로(梅津美治郎) 육군차관이 날인, 결제하고 있으며 육군대신의 난에는 "위"(委)라는 도장이 찍혀 있으므로 스기야마 하지메(杉山元) 육군대신의 '의명 통첩'(依命通牒) 문서인 셈이다. 따라서 종군위안소는 육군 대신과 차관의 공인 아래 이들을 정점으로 해서 조직적으로 설치되었다고 볼 수 있다.

한편 해군성의 동향을 살펴보면 다음과 같다. 해군성 군무국장과 병비국장의 연명으로 남서방면 함대참모장 앞으로 보낸 1942년 5월 30일자 문서 "제2차 특요원(해군에서는 위안부를 특요원이라고 불렀다) 진출에 관한 건 조회"를 보면, 해군성이 동남아시아 방면으로 종군위안부를 배치하고 시설 및 경영 방침을 결정했다는 사실을 알 수 있다(重村實,「特要員という名の部隊」,『特集文藝春秋』1號). 이에 따르면, 셀레베스 섬의 마카살에 45명, 보르네오 섬의 발리크바반에 40명, 말레이시아의 페낭에 50명, 자바 섬의 슬라바야에 30명을 '배분'(앙퐁과 싱가포르는 미정)하는 것으로 되어 있다. 이로써 해군성 군무국장과 병비국장의 직접적인 책임 아래 종군위안부가 배당되었다는 것이 드러난다.

또 육군성에서는 인사국 포상과가 종군위안소를 관할하고 있었다(1942년 4월부터였음). 이처럼 종군위안소에 관한 중요한 임무는 육군성 기구 내에 확고하게 편제되어 있었다.「육군성업무일지적록」에 의하면, 1942년 9월 3일의 과장회보에서 구라모토 포상과장은 다음과 같이 쓰고 있다. "장교 이하의 위안시설을 다음과 같이 설치하고자 함. 중국 북부 100개소, 중국 중부 140개소, 중국 남부 40개소, 남방 100개소, 남해 10개소, 사할린(樺太) 10개소 등 합계 400개소." 육군성은 종군위안소의 전체적인 배치계획도 세워놓고 있었던 것이다.

일본 본토의 종군위안부 징발기구

다음으로는 현지 군부 및 파견군의 움직임과 그에 따른 국내의 대응을 살펴보기로 하겠다.

내무성 경보국이 작성하고 1938년 11월 8일에 시행된 다음과 같은 비밀문서가 있다(『赤旗: 評論特集版』, 1997. 2. 3). 길지만 인용해 두기로 한다.

중국 도항(渡航) 여성에 관한 건의서

오늘 중국 남부파견군 후루쇼(古莊) 부대 참모육군 항공병 소령 사쿠마 아리후미 및 육군성 징집과장으로부터 요청이 왔다. 그 내용은 중국 남부파견군의 위안소 설치 필요성에 관한 것으로서, 매춘업을 목적으로 하는 여성 약 400명을 중국으로 보내주도록 배려해 주기 바란다는 요청이다. 이에 대해서는 금년 2월 23일 내무성 발 제5호 통첩의 취지에 의거하여 다루도록 했으며 아래 사항을 각 지방청에 통첩하여 비밀리에 적당한 인솔자(포주)를 선정, 그를 통해서 여성을 모집하여 현지(중국 남부-인용자)에 보내도록 조치했음.

그리고 이미 대만총독부를 통해서 동 지역으로부터 약

300명을 모집하여 보낸다는 연락이 있었음.

아래

1. 내지(일본 본토-인용자)에서 모집하여 현지로 보낼, 매춘업을 목적으로 하는 여성은 약 400명으로 오사카(100명), 교토(50명), 효고(100명), 후쿠오카(100명), 야마구치(50명)에 할당해서 각 현에서 인솔자(포주)를 선정하여 이를 모집케 하여 현지로 보낼 것
2. 인솔자(포주)는 현지에서 종군위안소를 운영할 자이므로 특히 신분이 확실한 자를 선정할 것
3. 위 여성들의 수송은 내지에서 대만 가오슝(高雄)까지는 포주가 비용을 부담하여 은밀히 데려오고 이 지역에서는 대체로 관용 선박에 편승하여 현지로 가는 것으로 한다. 만약 위 방법에 따르는 것이 어려울 경우에는 대만 가오슝-광둥 간 정기선박이 있으므로 이를 이용하되 인솔자가 동행할 것
4. 위 건에 관한 연락사항은 참모본부 제1부 제2과 이마오카 소령과 요시다 대위가 담당한다.

또한 현은 군사령부 미네모토 소령이 담당한다.

(5 이하는 생략)

이처럼 중국 남부파견군 후루쇼 부대 참모는 육군성에 '매춘업을 목적으로 하는 여성'의 파견 및 도항을 요청하여 육군성

징집과장이 이를 내무성에 의뢰했고, 내무성 경보국은 이 요청을 받아들여서 각 부와 현에 할당된 숫자의 여성을 모집할 것을 명령했다. 현지 군대의 요청에 따라 국내에서 종군위안부를 징발하기 위해 육군성-내무성-부·현의 루트가 아주 체계적으로 짜여져 있었다고 하지 않을 수 없다. 부와 현은 인솔자(이것은 동시에 포주가 됨)를 '선정'하여 이 인솔자에게 종군위안부를 모집하는 일을 담당하도록 하였는데, 경보국의 다른 문서 "통첩안"은 '비밀리에 모집할 것'이라고 명시하면서 "1. 인솔자(포주)가 인솔하는 여성의 숫자는 10명 내지 30명 정도로 할 것"을 요구하고 있다. 그리고 "매춘업을 목적으로 도항하는 여성은 현재, 내지에서 창녀 및 그 밖에 사실상 매춘업에 종사하고 있는 자로서 만 21세 이상의 신체 건강한 자"라는 조건까지 붙이고 있다.

한편 인솔자(포주)는 '유곽업자 등'에서 '선정'되었으며, 인솔자인 동시에 현지 '종군위안소'의 '운영자'로 되어 있다는 점이 주목된다. 하지만 이 경우에도 인솔자(운영자)를 군이 직접 선정(지명)하면서도 "운영자의 자발적 희망에 기초해서 순조롭게 진행하여 선정할 것"이라는 식으로 기만하고 있다. 그외 대만의 가오슝에서 현지(광둥)까지는 '관용 선박'을 편승하는 편의가 군으로부터 제공되고 있다는 점도 주목할 필요가 있다.

종군위안부를 파견해 줄 것을 요청한 중국 남부파견군 후루쇼 부대는 1938년 광둥 작전을 수행한 제21군을 지칭하는 것인데, 제21군은 이 작전을 실시하는 동안 혹은 그 직후에 이 요청을 했다. 또 앞에서 설명한 광둥의 위안소에 관한 내용 가운데 "군에서 통제하는 자 약 850명"이라는 대목이 있는데 이 숫자는 여기 내무성 경보국의 비밀문서에 나오는, 내무성이 지시한 400명과 대만총독부를 통해서 모집하여 보낸 300명으로 구성된 것이 확실하다.

또 하나 덧붙이면, 대만인 종군위안부의 징발 및 수송을 대만총독부가 관할하고 있다고 명시되어 있는 점으로 보아 한국에서도 총독부가 관할하고 있었으리라는 것을 충분히 짐작할 수 있다.

현지 군대가 종군위안부 파견을 요청

일반적으로 점령지역의 종군위안부는 현지에서 그곳 주민들로 조달되었던 것과 더불어 한국인과 대만인, 일본인 들이 끌려갔다. 바로 앞에서는 중국 남부파견군이 육군성에 일본 여성을 보내줄 것을 요청한 내용을 살펴보았지만, 육군대신에게 대만인을 보내는 것을 허가해 줄 것을 요청한 사례도 있다.

1942년 3월, 대만 파견군은 "남방총군(南方總軍)으로부터 보르네오로 데려갈 토착민 위안부 50명을 가능한 한 빨리 모집하여 보내달라는 요청을 받고 육군 비밀전보 623호에 의거하여 헌병이 조사·선정한 아래의 운영자 3명을 도항시키고자 하니 허가해 줄 것을 신청한다"면서 일본인 두 명과 한국인 한 명을 써넣은 요청서를 보냈다. 이것은 대만군사령관이 도조 히데키(東條英機) 육군대신 앞으로 보낸 비밀전보여서 허가 회신도 나와 있다(『資料集』 19).

대만군 헌병대가 선정한 세 운영자의 인솔 아래 대만인 50명을 보르네오로 보낼 계획인 것이다. 대만군이 남방총군의 요청을 받아들여 육군대신의 허가를 얻어 업자를 선정하고 대만인 여성을 종군위안부로 보내고 있다. 즉 일본 육군의 기구 전체를 동원하여 종군위안부의 파견이 이루어지고 있었던 것이다. 나아가 6월에는 보르네오로 20명을 더 보내달라는 요구가 제기되고 있다(『資料集』 20).

군이 발급한 도항증명서

일본인 혹은 그들의 식민지가 되어 있던 한국과 대만의 사람들이 해외로 건너가기 위해서는 영사관이 발급하는 도항 사유 증명서가 필요했다. 물론 이 제도는 종군위안부에 대해서도 적용되었지만, 시간이 흐르면서 점차 별도로 취급되었다.

1940년의 "중국 도항 내국인 잠정처리에 관한 건 협의사항"을 보면, "현지 헌병대에서 군속 및 군 고용인에 속하지 않는 자에 대해(주로 특수 여성) 증명서를 발급하고 이에 따라 중국으로 도항시키고 있지만, 아래는 영사관이 발급하는 소정 양식의 증명서를 소지하고 도항하기 바란다"고 되어 있다(『資料集』 15). 여기에서는 규칙을 위반해서 현지 헌병대가 발급하는 증명서만 가지고 중국으로 건너가는 종군위안부가 현실적으로 존재했다는 점과 또 이에 대해서 아마 외무성의 입장인 듯하지만, 영사관이 발급하는 증명서를 소지하도록 할 작정이라는 점이 드러난다. 현지 헌병대의 증명서만 가지고 도항한다는 것은, 말할 것도 없이 종군위안부의 주체적인 행위라고 볼 수 없으며 현지 헌병대가 그렇게 하도록 하고 있다는 뜻이다.

1940년에는 대만총독부 외사부장의 배려로, 도항 증명서와 관련하여 특별히 취급되고 있는 사례가 있었다(『資料集』 16). 즉 "본건 위안소 종업원의 도항은 긴급을 요하는 것이므로 특별히 이 건에 한해서 (육·해군측의 증명서에 의거하여) 허가할 것"으로 해서, 다시 대만으로 돌아온 운영자에게 끌려간 대만인 여성 여섯 명이 "종군위안소 작부 생업을 위해" 친저우(欽州) 헌병 분견대장 아다치 시게가즈의 증명서를 소지하고 중국으로 건너갔다.

더군다나 여기에서 '본건에 한해서'라고 단서를 붙이면서도 다음과 같은 의견을 첨가하고 있다. "본건과 같이 특수 영업에 취업하는 자에 한해서는 소속 부대장 혹은 관할 헌병대장이 발급하는 증명서를 가지고 도항하는 것은 가장 실제적인 처리로 사료됨." 예외적 조처를 일반적 조처로 탈바꿈시켜서, 군부는 종군위안부의 도항을 영사관 관할로부터 분리시켜 완전히 장악하여 처리하고 있었던 것이다. 1941년 중국 중부방면 경무부의 "중국 도항 사유증명 및 신분증명 사무처리 방법에 관한 건"에는 "군에서 특별히 필요하다고 인정하는 특별 직종 여성 또는 중국 주재 상사에서 고용관계가 확정된 자 및 가사사용인(식모, 유모 등)은 극도로 제한시킬 것"을 지시하고 있다 (『資料集』17).

종군위안소 설치방법에 관한 교육

육군과 해군에서는 병참 위안계(慰安係) 및 부대의 회계장교나 부관이 위안소의 설치나 관리에 관여하고 있었다. 그리고 육군경리학교에서는 위안소 설치방법에 관한 교육을 실시했다. 시카우치 노부다카(鹿內信隆) 전『산케이신문』(産經新聞) 사장은 경리학교 시절을 떠올리면서 다음과 같이 말한다.

  시카우치 …이런 일이란 게 군대가 아니면 도저히 있을 수 없는 일일 테지만, 전쟁터에 가면 뻬집이….
  사쿠라다 그래요, 위안소가 문을 열었지요.
  시카우치 그러합니다. 그때 조달되는 여자의 내구성이라든가 소모 정도, 게다가 어디 여자가 좋다는 둥 나쁘다는 둥 말하곤 했지요. 거적을 들치고 그곳에 들어가서부터 나올 때까지의 '대기시간'이 장교는 몇 분, 하사관은 몇 분, 병사는 몇 분… 하는 것까지 정하지 않으면 안 되었죠(웃음). 요금도 등급이 정해져 있었습니다. 이런 것을 규정하고 있는 것이 '삐집 설치요강'이라는 것이었는데, 이 역시 경리학교에서 배웠습니다. 그 동안에도 경리학교 동창생들이 모여서 기억나는 이런 이야기를 서로 했던 적이 있습니다.

(桜田武・鹿內信隆,『いま明かす戰後秘史』上卷, サンケイ出版, 1983)

'삐집 설치요강'의 정식 명칭은 '위안소 설치요강' 혹은 '특수위안시설 설치요강'으로서, 경리장교가 되는 사람에게는 종군위안소 설치 및 관리 방법까지 철저하게 교육하고 있었던 것이다. 실로 종군위안소를 위해 만반의 태세를 갖추었다고 하지 않을 수 없었다.

무엇 때문에 만들었는가

사기진작과 군기유지

앞에서 설명했듯이 종군위안소는 '지방손님(민간인)은 절대 받지 못한다'는 것을, 다시 말해 "본 위안소를 이용할 수 있는 자는 제복을 착용한 군인 및 군속에 한한다"(필리핀 일로일로의 "위안소규정", 『資料集』 70)는 것을 가장 큰 특성으로 하고 있었다. 이것은 장병들의 성적 욕구에 특권을 부여하는 동시에 그 것을 종군위안소에 가두어놓고 장병들의 성을 관리하려고 했다는 것을 의미한다. 다만 예외적인 것이기는 하지만, 미얀마나 만달레이의 종군위안소는 만달레이에 거주하는 일본인들(주로 상사원)에 한해서 개방했다(林博史, 「ビルマ・マンダレーの

日本軍慰安所規定」,『戰爭責任硏究』6號).

그러면 이와 같은 속성을 가진 종군위안소를 군부는 어떤 목적으로 만들었던 것일까.

1940년 9월에 육군성이 발송한 "중국사변의 경험에서 본 군기 진작 대책"을 보면, "사변이 발발한 현지에서는 특히 환경을 정비하고 위안시설에 대해 주도면밀한 관심을 기울여 살벌한 감정이나 저급한 욕정을 완화 및 억제시키는 데 주의를 요함"이라고 씌어져 있다. 이어서 "특히 성적 위안소에서 받는 장병들의 정신적 영향은 가장 솔직하고 심각하므로 이에 대한 지도 및 감독을 제대로 하는가 여부는 사기 진작과 군기 유지, 범죄 및 성병 예방 등에 지대한 영향을 미친다는 점을 반드시 염두에 두어야 할 것이다"고 강조한다(『資料集』 28).

육군성은 '성적 위안소'가 지니는 중요성을 매우 솔직하게 인정하고 있는데, 이는 내가 지금까지 서술한 것에 대해 정당성을 부여해 주는 것이라고 생각된다. 아무튼 종군위안소 설치 목적이라는 관점에서 볼 때는 무엇보다 먼저 '사기 진작과 군기 유지'를 살펴보아야 할 것이다.

상하이전쟁에서 전의상실과 군기이완

앞에서 나는 종군위안소의 설치계획이 본격적으로 실시되었던 것은 상하이 침공전쟁을 즈음해서라고 했다. 일본 군대는 이

상하이 침략전쟁에서 이미 전의(戰意)가 저하되고 군기가 이완되었다는 사실을 유타카는 지적하고 있다(吉田裕, 『天皇の軍隊と南京事件』, 靑木書店, 1985). 유타카에 따르면, 상하이 침공 당시 일본 군대는 중국 군대를 얕잡아보고 승리를 낙관했으나 이 예측이 빗나갔다. 오히려 전의가 충천해 있던 중국 군대의 거센 저항에 부딪혀 일본 군대는 고전을 면치 못했다. 이에 일본 군대는 상하이 파견군을 크게 증강했으나, 그럼에도 불구하고 중국 군대의 총반격에 몇 차례나 격퇴를 거듭했다.

이런 가운데 "돌격의 호기를 포착하고 용감한 지휘관은 돌격하지만 후방에서 뒷받침해 주지 않아 실패로 돌아가는 경우가 많은" 상태가 속출하고 또 곳곳에서 약탈이 자행되었다. 사기가 떨어지고 군기가 해이해졌던 것이다. 하지만 일본 군대는 해상·항공의 압도적인 전력(戰力)을 앞세워 마침내 상하이를 점령하였다.

이와 같은 사기 저하와 군기 해이는, 중국과의 전쟁이 무엇보다도 중국을 멸시하는 사고를 그 바탕으로 하고 있었으며 전쟁의 목적 또한 그 어떤 합리적인 정통성도 제시하지 못하는 침략전쟁이었던 점이 가져다 준 결과였다. 더구나 상관의 명령은 곧 천황의 명령이라는 황군의 군기 아래서 병사들에게 절대적인 복종을 강요했을 뿐 아니라 병사들을 소모품으로 취급한 결과이기도 할 것이다.

하지만 군의 핵심부는 이와 같은 점을 반성하기는커녕, 전의를 고양시키고 군 질서를 유지하기 위한 안전판으로서 군대에 위안소를 설치했다. 여기서는 '사기 진작, 군기 유지'와 성욕의 처리를 결부시키고자 하는 군 핵심부의 단선적인 연계성이 드러난다. 이것은 정치적 사디즘이라고도 할 수 있다.

다만 그 저변에는 중국 전선에서 종군했던 육군 군의관 하야오 도라오가 1939년에 쓴 글에서 지적하는 다음과 같은 상황이 존재했다는 것을 간과할 수는 없다(현재 일본인들이 한국에 '기생관광'을 가는 것이나 동남아시아 쪽으로 '매춘관광'을 하러 다니는 것 등과 일맥상통하는 면이 있을 것이다. 또 여행지에서 부끄러운 짓을 해도 떠나면 그만이라는 전통적인 심성과 연관성이 있을 것이다). "일본 군인들이 전쟁하러 와서 으스대는 표정으로 틈만 나면 위안소에 드나드는 모습을 보고 중국 사람들은 비웃었다. 상하이에 상륙한 바로 그날 한 일본 병사가 상하이에 살고 있는 일본 사람에게 어디 가면 여자를 살 수 있느냐고 물어서, 도대체 군인들이 전쟁하러 온 것이 틀림없냐고 반문하는 소리를 들었다."(早尾虎雄,「戰場に於ける特殊現想と其對策」,『資料集』47)

또 미얀마의 미군이 작성한 "일본 포로 심문보고"에 따르면, "모든 (한국인) 위안부들의 일치된 의견은 그녀들을 찾아오는 장교나 병사들 가운데서 가장 매너가 나쁜 사람은 술에 취하고 더구나 이튿날 전선으로 떠나기로 되어 있는 무리들이었다"(『資料集』 99). 그리고 만주에 구금되어 있었던 황금주 씨도

"전쟁터로 나가기 전날의 군인들은 특히 사나웠으며 울면서 섹스를 하는 사람도 있었다"고 증언하고 있다(『證言』I). 죽음의 그림자를 두려워하는 극한상황에서의 성적 문제를 상징적으로 나타내는 것이라고 할 수 있을 것이다.

문화·오락 시설의 결핍과 병사들의 소외

단선적으로 연계시키는 문제는 군대 내 문화·오락 시설이 빈약하고 휴가제도라는 것 자체가 없었던 당시 실정과 동전의 양면을 이루는 것이기도 했다. 상하이 제1병참병원에 근무했던 하야오가 1938년 4월에 쓴 「전쟁터 신경증 및 범죄에 관해서」(戰場神經症竝に犯罪に就いて, 高崎隆治 編·解說, 『軍醫官の戰場報告意見集』, 不二出版, 1990)는 '범죄가 빈발하는' 원인 가운데 하나로 "상하이와 난징 등지에 술집과 위안소를 많이 만들어서 오로지 술과 여자만으로 장병들을 위로하는 방법을 취했을 뿐 달리 건전하게 정신전환을 꾀할 수 있는 시설을 망각해 버린 점"을 들면서 통렬하게 비판하고 있다.

또 앞에서 인용한 바 있는 아소 데쓰오는 다음과 같이 관찰하고 있다. "이 무렵의 상하이를 점령하고 있던 육군부대는 상하이 함락 직후의 도쿄 사람들의 제101사단이 아니라 항저우만(灣) 이래의, 성질이 거친 규슈나 후쿠오카 사람들로 구성된 사단이었다. 이 사단의 병사들은 몹시 으스대며 제멋대로 돌아다니곤 해서 이들이 군인 댄스홀에 출입하는 것을 금지했고, 신분제도를 확립하여 카메라 구입에까지도 이를 적용했으며 마침내는 마작도 금지시켰다. 뿐만 아니라 그때까지만 해도 문화적으로 수준이 높은 해군의 함대나 육전대에 익숙해 있던 일본인 거류민들이 몹시 당혹해했다는 것은 부정할 수 없다."

종군위안소에 관해서는 해군 쪽이 선배 격이었기 때문에 아소의 관찰이 반드시 정확하다고는 할 수 없겠지만, 그럼에도 불구하고 문화시설과 오락시설이 별로 없었을 뿐 아니라 그나마도 접할 기회를 박탈당했거나 제한이 가해지고 있었음은 분명했던 것으로 보인다.

긴바라 세쓰조의 「육군성업무일지적록」에는 다음과 같은 기술도 있다. 1939년에 중국 동북부를 시찰한 사사키 신노스케 육군성 보은과장은 그곳의 '복리시설'에 관해 이렇게 말했다고 한다. "장병의 위안시설로서 군인 가정집 건설을 희망하고 있음. 〔군인〕원호회와 교섭할 예정임. …가족동반 상황은 더욱더 불충분함. 특히 국경방면이 심한데 개중에는 가족의 얼굴을 못 본 지 5년이 넘은 사람도 있음. 이런 점이 원인이 되어 성질이 거칠어지고 사고와 범죄가 끊이지 않는 상황임." 만주국의 형편이 이러했으니 다른 곳은 짐작하고도 남음이 있을 것이다.

나아가 「육군성업무일지적록」에는 1942년 7월 30일자의 국장회보(局長會報)에 실린 니시우라 스스무 군사과장의 다음과 같은 발언도 있다. "소집회수 2~3회에 한 번은 특별휴가를 실시하여 설령 빙산의 일각에 지나지 않더라도 조금씩 이것을 완화시켜 나가야 한다. 결혼알선에 관해서도 마찬가지이다. 가족동반도 신속하게 실시해야 한다." '휴가'라고는 하지만 그것은 소집회수가 2~3회에 이른 자에 한했고 그나마도 실시되었는지 여부가 의심스럽다. 이렇듯 병사들은 계속 비인도적인 대우를 받고 있었기 때문에 자포자기 상태에 빠지게 되었을 터이다.

장교와 '분별력 있는 병사'

종군위안소의 목적이 사기 진작과 군기 유지에 있었던 점과 관련하여 반드시 지적되어야 할 것이 있다. 즉 여성의 인권을 짓밟고 여성을 희생양으로 해서 이루어지고 있었으며, 또 군은 최상층부에서부터 말단에 이르기까지 이를 당연시했다는 사실이다. 아마 이것은 천황제 군대의 군기와 상관관계에 있을 것이다.

다만 이와 같은 상황에서도 "분별력 있는 병사는 위안소의 내용을 알고 군 당국을 비웃기까지"(早尾虎雄,「戰場に於ける特殊現像と其對策」) 했듯이, 어떤 이유에서든 이런 '사리분별이 있는 병사'가 존재했다는 것은 다행이다. 하지만 이렇게 분별력 있

는 병사들이 처해 있는 환경 또한 이러했다. "장교는 솔선해서 위안소에 드나들었으며 병사들에게도 가라고 권유하는 등 위안소는 공용으로 되어 있었다. 분별력 있는 병사는 위안소 내용을 알고 군 당국을 비웃고 있을 정도였다. 그러나 위안소에 가지 않는 병사를 미쳤다고 욕하는 장교도 있었다."

성병 예방책

종군위안소를 설치한 두번째 목적은 성병을 예방하기 위한 대책의 일환이었다. 전쟁터에서 군인들이 성병에 감염될 확률은 매우 높았다. 중국 북부에 파견된 다다(多田) 부대, 도미에(富家) 부대, 후쿠시마(福島) 부대가 조사한 성병에 관한 각종 통계 가운데 1940년 1월자의 성병환자 감염기회 조사표를 보면, '보균자' 11.6%, '소집지' 2.82%, '일본 본토로부터 수송 도중 또는 병력 교체기간 동안' 4.19%, '전쟁터' 81.38%로 되어 있다 (『資料集』 48). 이로써 우리는 외국의 정복전쟁터에서 성병 감염률이 얼마나 높은지 충분히 짐작할 수 있다.

또 1944년 5월 필리핀의 산타크루스 환자요양소의 육군 군의관 보고에도 다음과 같이 기록되어 있다. "화류병 환자는 여전히 줄어들지 않고 있으며 다른 질병에 비해 감염률이 높다."(『資料集』 73) 이와 같이 성병 감염률이 높은 것은 출정한 전쟁터에서 병사들의 문란한 성생활 때문이었을 것이다.

긴바라 세쓰조의 「육군성업무일지적록」을 보면, 1942년 12월 22일자 의무국회보(醫務局會報)에 군의관 야스다 중령은 10월 말 현재 남방 군대에 성병환자가 2774명이라고 지적하면서 대책을 촉구하고 있다. "앞으로도 점점 증가하는 추세임. 지금 당장 근본적인 대책을 세울 필요가 있어 그 준비를 해나가고 있음. 위안소를 확장시키는 움직임이 있음. 간부들의 자숙 및 근신이 이루어지지 않고 있음. …환자의 치료가 흐지부지되고 있는데 철저하게 치료할 것이 요망됨. 이를 위해서는 성병 특수병원을 설립하여 집중적으로 철저하게 치료할 수 있어야 할 것이며, 그와 동시에 부대 내 존재하는 환자들을 위해 외래진찰을 실시하여 그에 합당한 치료를 실시해야 할 것임."

병사들 사이에 성병이 만연해 있어서 성병 특수병원을 설치할 것을 제기할 정도로 성병은 시급한 문제였다. 1943년 4월 11일의 위무국 국내회보(局內會報)에서도 신임 의무국장 간바야시 히로시는 이렇게 쓰고 있다. "성병예방에 대한 구체적 방침을 검토할 것. 남방 군대 내에 성병환자가 5천 명에 이르는 것을 감안할 때 야전 위생장관으로서 이를 긴급사안으로 지시할 필요 있음." 그리고 1940년 2월 4일의 "군 부장회의 상황보고"에 따르면, 중국 북부방면군은 다음과 같이 보고했다. "특별한 치료가 요구되는 자는 될 수 있는 대로 특수치료 위생기관에 집결시켜서 치료한다…. 타이위안(太原), 지난(濟南), 바오딩(保定), 다퉁(大同)에 소재해 있는 병원을 성병 치료기관으로 지정하여 그곳에 집결시켜서 치료한다. 일본 본토로 송환하여 치료해야 하는 자는 텐진에 집결시켜서 송환한다. 6개월 동안 2600명의 환자를 수용했다." 이처럼 중국 북부방면군에서는 성병환자를 특수병원에 '집결'시켜서 치료하는 한편, 중증의 성병환자는 일본 본토로 송환했다.

성병은 일반 병사들뿐 아니라 장교들 사이에도 퍼져 있었다. 성병감염 정도가 일반 병사들보다 장교들이 더 심했다는 의견도 있는데, "젊은 장교뿐 아니고 고급장교 중에도 환자가 있어서 군의관에게 비밀리에 치료를 받고" 있는 실정이었다고 한다(早尾虎雄,「戰場に於ける特殊現像と其對策」).

전투력 감퇴와 인구정책

지금까지 내가 제시한 인용자료를 봐서 알 수 있듯이, 군대 내에 만연해 있는 성병은 급기야 심각한 문제로 부각되었으며 태평양전쟁을 즈음해서는 본격적으로 이에 대한 대책을 수립해야 했다.

1942년 6월에 육군성 의무국 위생과가 제출한 기안 "대동아전쟁 관계 장병의 성병 처리에 관한 건"에는 "출동 지역에서 성병예방에 대해 철저함을 기한다. 전투력이 감퇴되는 것은 물론이고 매독이 국내에 들어와 앞으로 민족에 악영향이 미치는 것을 방지하지 않으면 안 된다"면서 다음과 같이 씌어 있다. "대동아전쟁에 투입된 장병들이 본토로 돌아오면서 국내에 성병이 퍼지고 있다. 이것은 단순히 귀환장병의 가족 문제에 국한되는 것이 아니라 우리나라 인구정책상 심각한 문제가 되기 때문에 이 대책을 긴급하고 엄격하게 세울 것을 요함."(『資料集』 29) 군 중앙에서 볼 때 성병의 만연은 전투력 감퇴와 국내의 인구정책이라는 국가의 전쟁정책을 수행하는 데 심각한 문제를 일으킬 수 있다고 보았던 것이다.

이리하여 군부는 전쟁터에서 성병의 만연을 막기 위하여 종군위안부를 설치했다. 앞에서도 인용한 바 있지만 제21군 군의부장 마쓰무라는 "성병예방을 위해서… 위안대를 받아들인다"고 보고했으며, 군의관 야스다 중령은 "성병 박멸대책… 이때 근본 대책을 세울 필요가 있기 때문에 착착 준비가 진행되고 있음. 위안소도 확장할 계획임"이라고 쓰고 있다.

성병검사 제도

종군위안부에 대해서는 성병검사(특히 매독검사)를 철저하게 실시했다. 앞의 아소 데쓰오 증언에도 나오듯이, 종군위안부는 우선 입소할 때 의사로부터 성병 유무검사를 받았으며 입소한 후에는 예를 들어 "검사날짜는 매주 월요일과 금요일임. 금요일은 정규 검사일"(1938년 8월 3일 독립공성중포병 제2대대의 상주주둔 동안 내무규정 중 위안소 사용규정, 『資料集』 41)로 해서 정기적으로 검사를 실시했다. 또 이 규정에는 다음과 같이 정해 놓고 있다. "제4야전병원 군의관을 주임 검사의로 하며 병참 예비병원과 각 부대 위무관이 이를 보조한다. 주임 검사의는 그 결과를 제3항 부대에 통보하는 것으로 한다." 이렇게 해서 임질을 비롯한 성병이 걸린 것이 확인된 위안부는 쉬어야 했다. 또 "영업자는 모두 검역 결과 합격증을 소지한 자에 한한다"고 규정해 놓고 있었다.

이와 같이 종군위안부는 반드시 성병검사를 받아야 했기 때문에, 위안부가 감염원이 되는 경우는 있을 수 없었다. 따라서 '합격증'을 받았으면서도 성병에 감염된 위안부가 있었다는 것은 그 감염원이 군인이었다고 보아야 할 것이다. 그럼에도 불구하고 앞의 규정에서는 '위안소 이용 주의사항'이라고 하여 "여자는 전부 성병에 걸려 있다고 생각하고 감염방지에 만전을 기할 것"을 명시해 놓고 있다. 종군위안소의 이용자인 남자에게 유리하게 해놓은 논리라고밖에 볼 수 없다.

또 산타크루스의 환자요양소에서는 화류병 전염원을 근절시키기 위해 "위안부 검사를 엄밀하게 하고 일반 병사 또한 개인 위생에 철저함을 기해 전염 근절에 노력하라"고 지시했다. 종군위안부가 성병 감염원이라는 전제하에 엄격한 성병검사를 실시할 것을 요구하고 있지만, 사실 성병검사 그 자체가 바로 감염원은 여성(위안부)이라고 몰아붙이는 것에 지나지 않는다.

콘돔

"여자는 전부 성병에 걸려 있다고 생각하고 감염방지에 만전을 기할" 것을 촉구한 남성 군대는 그 '방지'를 위해(위안부의 감염을 막기 위한 것이 아니다) "위안부로부터 사쿠(sack) 또는 예방약(한 세트 5전)을 받아서 반드시 예방을 실시하여 화류병에 걸리지 않도록 하라"(필리핀 마스바티와 경비대 '군인구락부 규정', 『資料集』 69)고 명령했다. 그리고 업자들에게는 "콘돔을 사용하지 않는 자는 유흥금지"(필리핀 일로일로 '위안소규정', 『資料集』 70)를 엄격히 지킬 것을 요구했다. 여기서 사쿠란 콘돔을 말하는데 "돌격일번"(突擊一番)이라고 인쇄되어 있었다. 중국 북부방면군의 군의관은 '화류병 예방'에 관해서 다음과 같이 상세하게 주의사항을 주지시켰다.

　　화류병은 주로 성교에 의해 감염되며 기생이나 창녀는 거의 대부분 감염자이므로 성교를 할 때는 다음과 같은 예방법을 확실하게 실시할 것
　　가. 음주 후에는 성교를 하지 말 것
　　나. 성병검사 증명서를 확인할 것
　　다. 성교 전에 여자에게 세척하도록 할 것
　　라. 사쿠는 반드시 사용할 것
　　마. 성비고(星秘膏)를 사용할 것

성교 전에 소량을 음경에 바른 다음 사쿠를 끼고 다시 사쿠의 표면에 소량을 바를 것. 그리고 남은 것은 성교 후 요도 내에 주입할 것

바. 성교 후 신속하게 방뇨를 한 후 세척소독을 할 것. 성교 후 5분 이내에 소독하지 않으면 소독효과가 없음.

사. 귀대 후에는 의무실에 들러 처치를 받을 것

아. 이상이 있는 자는 조기에 검진을 받고 철저하게 치료를 받을 것

자. 포경인 자는 화류병에 걸리기 쉬우므로 특히 소독을 엄중히 할 것 (『資料集』 48)

과연 이렇게 어처구니없이 복잡한 절차를 그대로 따라 한 사람이 있었을까. 이것은 탁상공론에 불과했을 터이다.

오히려 실제로는 콘돔을 착용하는 것조차 기피하는 병사가 상당히 많았던 것 같다. 중국 파견군 총사령부의 한 문서에는 다음과 같이 기록되어 있다. "지금까지의 상황을 돌이켜보건대, 유곽을 찾는 자 가운데 사쿠(이하 콘돔으로 지칭함-옮긴이)를 지참하는 자는 거의 없다. 즉 장병 각자에게 교부된 콘돔은 거의 사용되지 않고 그냥 버리거나 혹은 종군위안소 이외의 장소에서 사용하는 것으로 추측된다."(『資料集』 59)

또 과거 종군위안부였던 한국의 한 여성은 이렇게 증언하고 있다. "콘돔을 사용하지 않으려는 군인도 있었다. 나는 성병이

무서웠기 때문에 콘돔을 끼지 않으면 절대로 하지 않겠다고 끝까지 버텼다. 콘돔을 쓰지 않으면 상관에게 일러바치겠다고 위협도 해보고 성병이 옮으면 서로를 위해 좋지 않으니까 콘돔을 사용해 달라고 설득도 했다."(『證言』I) 그리고 콘돔은 군에서 교부하는 경우와 위안소에서 주는 경우가 있었으며, 후자의 경우에는 유곽의 카운터에서 주는 것과 위안부가 주는 것이 있었다.

성병의 감염원은 장병

앞에서 설명했듯이 전쟁터에서 장병의 성병 감염률은 높았지만, 그에 비해 종군위안부는 철저한 성병검사 제도라든가 콘돔 사용 등으로 감염원이 되는 경우가 매우 낮았다. 따라서 종군위안부가 성병에 감염되는 경우는 오히려 일본군 장병에 의한 것으로 추정된다. 과거 종군위안부였던 정학주 씨도 "병사들을 상대하는 여자들은 성병에 걸리는 경우가 많아 고생했다"고 증언하고 있다(『證言』II).

그렇다면 장병들은 어디에서 성병을 옮는 것일까. 바로 앞에서 인용한 문장 가운데 '군 위안소 이외의 장소에서 사용'이라는 구절이 있으며 또 "각자에게 콘돔을 지참하도록 할 때는 이것을 이용해서 군 위안소 이외의 장소에는 드나들기 쉽기 때문에 사고발생의 요인이 될 우려가 있음"이라고도 씌어 있다. 군 위안소가 있을지라도 장병들은 일반 창녀들과 접촉하고 있었던 것이다.

1937년 육군성의 "전시복무지침"에도 "성병에 관해서는 적극적인 예방책을 강구하는 것은 물론 위안소의 위생시설을 완비하는 것과 더불어 군에서 정한 이외의 매춘부나 토착민들과의 접촉은 엄하게 근절할 것을 요함"(『資料集』 27)이라고 게시되어 있는 것으로 보아, 종군위안소 이외의 '매춘부나 토착민들과의 접촉'이 있었던 것으로 짐작된다. 또 세렌반 경비대 본부에서는 "병참에서 지정하는 위안소 이외의 사창가 출입을 엄금"했는데(『資料集』 76), 엄금한 배경에는 '사창가에 출입'하는 현실이 존재했기 때문이었을 것이다.

실제로 남서태평양 지역 연합군의 포로 심문보고에는 "민간인이 운영하는 위안소가 더 인기가 있었다. 왜냐하면 민간위안소는 혼잡하지 않았기 때문이다"고 되어 있다(『資料集』 101). 여기서 민간위안소는 일반 사창가를 가리킨다.

강간대책

종군위안소를 설치한 또 한 가지 중요한 목적은 강간을 방지하는 데 있었다. 이 점에 관해 하야오는 다음과 같이 쓰고 있다. "병참은, 출정한 장병들의 성욕을 오랜 시간 동안 억제시키면 이것은 자연히 중국 여성들을 폭행하는 것으로 이어질 것이라고 판단하고 중국 중부지방에도 서둘러서 위안소를 개

설했다. 그 중요한 목적은 성적 충족보다 오히려 장병들의 혈기를 누그러뜨림으로써 황군의 위엄에 손상을 입히는 강간을 방지하는 데 있었다."(早尾虎雄,「戰場に於ける特殊現像と其對策」)

그러면서 하야오는 강간사건의 실례를 열거하고 있는데, 그 가운데 두 가지를 소개해 보겠다.

(1) 병사 둘(A, B)은 다른 병사 하나(C)를 유혹해서 외출했다. A는 중국 여성(당시 20세)을 보자마자 색정이 끓어올라 강간할 생각을 품었다. 그는 C를 시켜서 그 여자를 근처의 빈집으로 끌고 오게 했으며 또 C에게 차고 있던 소총을 한 발 쏘게 하고는 다시 차고 있던 칼을 빼들고 칼끝을 그녀에게 들이대며 협박하였다. 그 중국 여성이 공포에 떨고 있는 모습을 보고는 근처의 민가로 끌고 가서 강간했다. B는 A가 목적을 달성한 것을 알고 A가 나온 뒤에 안으로 들어가 그녀를 강간했다.

(2) 중국 술을 먹고 취해 버린 한 병사가 중국인 가게에 들러서 꼬치구이를 먹다가 그 집에 사는 중국인 여자아이(당시 6세)를 보고는 그녀가 열세 살도 안 된 소녀라는 것을 알면서도 간음하려는 생각을 품었다. 그 여자아이를 껴안고 방안으로 들어가려는 여자아이의 아버지에게 총검을 들이대며 꺼지라고 소리치고는 곁에 있는 여자아이를 간음하려고 했다. 그러나 어린 아이여서 목적을 달성하기 어렵자 엄

지 손가락으로 억지로 벌려서 상처를 입혔다.

또 중국의 창셴(愴縣)에 있었던 보병 출신의 한 사람은 "한 달에 2~3회 돌아가면서 부락을 습격했다. 그런 날 아침에는 1인당 3개씩 콘돔이 지급되었다"고 증언하고 있다(『從軍慰安婦 110番』, 明石書店, 1992. 이하 『證言』 Ⅶ). 이처럼 부대에 의한 조직적 강간도 자행되고 있었던 것이다.

이러한 강간이 난징사건 때 걷잡을 수 없을 정도로 빈번하게 발생했다는 것은 잘 알려져 있으나, 난징뿐만 아니라 곳곳에서 끊이지 않고 자행되었으며, 앞의 하야오 역시 다른 글에서 "중국인을 강간한 예는 헤아릴 수 없을 정도로 많았다"고 쓰고 있다(早尾虎雄, 「戰場神經症竝に犯罪に就いて」).

동남아시아 방면의 상황도 이와 다를 바 없었다. 긴바라 세쓰조의 「육군성업무일지적록」을 보면, 1942년 5월 2일 육군성 국장회의에서 오야마 법무국장과 다나카 병무국장의 대화가 기록되어 있다.

법무국장 필리핀 방면에서도 강간이 많이 일어났지만 엄중한 단속을 한 결과 범죄가 크게 줄었다.
병무국장 필리핀은 다른 지역에 비해 비교적 많았다. 그러나 중국사변과 비교하면 아주 적었다고 할 수 있다.

그러나 법무국장의 '격감'했다는 발언에도 불구하고, 각종 증언을 참조해 보면 게릴라들과의 전투가 장기간에 걸쳐 이루어진 상태에서 강간이 매우 극심했던 듯하다.

그리고 1942년 8월 12일 국장회보에는 오야마 법무국장의 보고 가운데 다음과 같은 내용이 나와 있다.

> 남방의 범죄 610건. 강간죄 다수. 중국에서 이동해 온 부대에서 많음. 위안설비 불충분 및 감시감독의 불충분에 기인함.

하지만 여기에 보고된 수치는 군 당국에 검거된 자이기 때문에 실제로는 강간이 훨씬 더 많이 자행되고 있었다고 보아야 할 것이다.

전시 강간

그렇다면 일본군 장병들은 왜 그토록 끔찍한 강간을 수없이 저질렀던 것일까. 여기에서 주의하지 않으면 안 되는 것은 전쟁터에서의 범죄는 강간과 그에 수반되는 살해뿐 아니라 약탈이나 방화, 민간인 살생이 함께 이루어진다는 점이다.

이러한 전쟁범죄는 일종의 전투행위의 연속으로서, 특히 승자는 패자에 대한 우월감이나 도취감에 취해 패자(군·민 구별

없이)로부터 전리품을 얻는 것을 당연하게 여기고 패자에게는 무슨 짓을 해도 된다는 제국주의적 공격욕망의 발로라고 보아야 할 것이다. 강간 역시 전리품으로서 성적 욕망을 폭력적으로 채우는 것으로 간주되었을 것이다. 점령지역 여성을 한갓 물건으로밖에 여기지 않았으며 더구나 노리개로 보았던 것이다. 나아가 이곳의 패자는 패자이기 때문에 멸시받아 마땅한 존재라는 인식에 그치지 않고 원래부터 머릿속에 박혀 있던 중국인·아시아인에 대한 멸시관념이 뒷받침되고 있었다. 그리고 또 사회화된 폭력성을 수반하는 가부장제 원리(군대는 이것을 체제 내화하고 있었다)가 토대를 이루고 있었을 것이다.

그리고 다음과 같이 볼 수도 있다. 개인의 자유에 대한 자각이 결여되어 있고 상관에 대한 절대적인 명령체계 아래 놓여 있는 동시에 소모품 취급을 받아오던 병사들은 공포감에 짓눌려 있으면서도 — 이 같은 상황을 하야오는 다음과 같이 쓰고 있다. "적지를 눈앞에 두고 상륙할 때는 누구라고 할 것 없이 나무아미타불을 합창했으며 또 이튿날 전투가 있을 것으로 예상되는 경우에는 동쪽으로 발을 뻗고 자는 것을 피했으며 제발 부상당하지 않기를 몰래 기도하곤 했다"(早尾虎雄,「戰場神經症並に犯罪に就いて」) — 집단적인 공격심리를 부추김당하면서 싸움터에서 총탄을 피하고 승리를 해서 그 긴장이 이완되었을 때, 일종의 군중심리에 의한 흥분상태에서의 도착적인 출구로서 집단적으로 살육과 약탈, 강간으로 치닫게 되는 것 같다. 이러한 때는 성욕을 충족하는 데 그치지 않고 윤간한 뒤에 여성의 유방을 도려낸다든가 총검으로 음부를 자른다든가 혹은 임신부의 배를 가르는 그런 엽기적인 행위까지 서슴지 않는다(笠原十九司,「中國戰線における日本軍の性犯罪」,『戰爭責任研究』13號).

일본군 병사들 사이에서 강간이 횡행했던 데는 다음과 같은 사정도 있었다. 하야오의「전쟁터의 특수 현상과 그 대책」(戰場に於ける特殊現像と其對策)에는 이렇게 씌어 있다. 강간에 관해서 "부대장은 병사들의 사기를 북돋우기 위해서 오히려 필요하다고 판단하고 보고도 모르는 체하고 넘겨버릴 정도였다." 또 "나는 대륙에 상륙해서 얼마 안 되어 어찌하여 일본 군인은 성욕에서 이토록 이성을 지키지 못하는 것일까 통탄했으며, 전쟁터에서 일년 동안 생활하면서 시종일관 이것을 통감했다. 그러나 군 당국은 이 같은 현상을 전혀 이상하게 여기지 않았을 뿐 아니라 이 부분에 대해 훈계하는 소리조차 들어본 적이 없다." 역시 하야오의 다른 글에서의 이야기이다. "이번 사변에서 나타난 범죄종류들은 그 하나하나가 일본 본토에서는 당연히 중죄로 다스려질 것들이었다. 그렇지만 전쟁터에서는 무자비하게 자행되고 있었으며 처음에는 털끝만큼의 제재도 받지 않았을 뿐 아니라 오히려 그것에 쾌감을 느끼고 점점 더 조장하는 것처럼 보이기까지 했다."(早尾虎雄,「戰場神經症竝に犯罪に就いて」)

병사들의 강간 등의 범죄행위에 관해서 군 당국은 훈계를 하기는커녕 제재나 처벌도 하지 않았고, 보고서도 모른 체했으며 조장하기까지 했다. 군 당국은 전쟁터 군인들의 욕구불만을 발산시키기 위해 범죄에 해당하는 '단물을 빨게 하고' 있었던 것이다. 군 당국의 이와 같은 태도는 일본 제국주의의 침략전쟁과 떼려야 뗄 수 없는 구조적인 것이며, 군 당국은 물론 전체 지휘자의 성폭력 등에 관한 전쟁책임 또한 면할 수 없다.

전시의 강간과 반일감정

일부 군 수뇌부들 가운데는 일찍부터 일본 병사들의 강간으로 골치를 썩고 있는 사람도 있었던 것 같다. 그러나 군부가 강간을 방지하기 위해 급하게 종군위안소를 설치하게 된 것은, 일본군의 강간행위가 중국인들로부터 반감을 사고 그들의 반일감정을 고조시킴으로써 결과적으로 전쟁을 수행하는 데 장해가 되었기 때문이다. 인권의 관점에서 강간을 반성하는 일 같은 것은 전혀 없었다.

이런 가운데서 관심을 끄는 것은 중국 북부방면군 참모장 오케베 나오사부로의 1938년 6월 27일자 "군인군대의 대(對)주민 행위에 관한 주의의 건, 통첩"이다(『資料集』 42). 좀 길지만 인용하기로 하겠다.

1. 군 점령지역 내의 치안은 서주회전(徐州會戰)의 결과

한때 호전되는 기미가 보였으나, 최근에 와서 산둥 성 방면의 교통선〔의 파괴〕이 다시금 잦아지고 있으며 또 북부 경한선(京漢線) 서부지구 공산유격대의 활동이 베이징 북부지구를 거쳐서 종래의 평화지대인 지둥(冀東) 방면으로 확대되고 있는 등, 재차 역전(逆轉)의 경향이 나타나기 시작하여 앞으로의 치안회복에는 실로 많은 난관이 있을 것으로 판단된다.

2. 치안회복이 늦어지는 주된 원인은 후방의 안전을 책임지고 있는 병력의 부족에 있는 것은 물론이지만, 한편으로 주민들에 대한 군인 및 군대의 불법행위가 주민들로부터 원한을 사 반항의식을 부추기고 공산항일계 분자들에게 민중선동의 구실을 제공하여 치안공작에 중대한 악영향을 끼치는 경우도 적지 않다.

그리고 모든 정보를 종합해 볼 때, 이와 같은 강렬한 반일의식을 고조시키는 요인은 각지에 일본 군인의 강간사건이 만연해 있어 실로 예상외의 심각한 반일감정을 배양하고 있다고 하겠다.

3. 옛날부터 산둥, 허난, 허베이 남부 등지에 있던 홍창회(紅槍會)나 대도회(大刀會) 및 이와 유사한 자위단체는 오래 전부터 군대의 약탈·강간 행위에 대해 격렬하게 반항했는데, 특히 강간에 대해서는 항상 각지의 주민들이 일제히 일어나 죽음을 무릅쓰고 보복하고 있다(1937년 10월 6일에 방

면군이 배포한 "홍창회의 습성에 관하여" 참조). 따라서 각지에서 자주 발생하고 있는 강간은 단순히 형법상의 죄악에 국한되는 것이 아니라 치안을 해치고 군 전반의 작전행동을 저해하는 누를 국가에 끼치는 중대 반역행위라고 해야 할 것이므로, 부하 통솔을 책임지고 있는 자는 국군과 국가를 위해 눈물을 머금고 책임을 물어 엄벌하여 타인에게 경계심을 고취시키고 이와 관련된 행위의 재발을 완전히 방지해야 할 것이다. 만약 이 같은 행위를 불문에 부치는 지휘관이 있다면 이 또한 불충의 신하라고 하지 않을 수 없다.

4. 이상과 같이 군인 개개인의 행동을 엄중 단속하는 것과 더불어 또 한편으로 되도록 빠른 시일 내에 성적 위안소 시설을 갖추어서, 시설이 없음으로 해서 본의 아니게 위반하는 자가 없도록 하는 것이 긴급히 요구된다.

5. (…)

6. 앞의 모든 항목은 지금까지 거듭 주의를 준 바이지만, 그 철저함이 특히 실행 부대인 중대 이하에 대해서 충분히 이루어지지 않는 미숙한 점이 있었으므로 이 기회에 특히 하급부대에 대해서는 철저하게 신상필벌(信賞必罰)로써 임해 줄 것을 명령으로 통첩한다.

홍군·홍창회의 반일투쟁

일본 군인들의 강간사건이 '반일의식을 고취시키고' 있는 데 대해 군 지휘관들은 고심하였으며, 특히 '공산계 항일분자' 즉 홍군의 민중선동 수단으로 사용되고 있는 데 위기를 느끼고 있었다. 전통적으로 강간에 대해 강한 저항의식을 품어왔던 중국인들 속에서, 일본 군대의 강간행위는 홍군에게 절호의 선동무기였으리라는 것은 분명하다.

더구나 앞의 문서에서 직접 문제가 되고 있는 지둥 지역의 경우, 일본 점령지역에는 최초로 항일근거지=변방정부(임시행정위원회)가 조직되어 있었다. 이곳 항일근거지는, 노구교 사건 이후에 진전되었던 제2차 국공합작 기간 동안에 국민혁명군 제8로군으로 편입했던 화북지방의 홍군이 주축이 되어 구성했다(石島紀之, 『中國抗日戰爭史』, 靑木書店, 1984). 따라서 일본 군대는 이 항일근거지와 유격전의 위협 아래 놓여 있었던 것이다.

홍창회는 청조 말부터 화북지방 농촌에서 조직되기 시작한 농민 무장자위단으로, 군벌의 착취와 토적들의 약탈행위에 대항해서 허난성 농민들이 빨간 부적을 붙인 창을 들고 자위에 나섰던 것이 그 기원을 이루는 것으로 알려져 있다. 종교적 결사의 성격을 지닌 용맹한 조직이기도 했다. 중일전쟁 당시에 홍창회는 항일 지방인민 무장대가 되었으며, 항일전쟁이 계속되면서 8로군 등에 협력하거나 합류하여 싸웠다(野澤豊,「紅槍會」,『世界歷史事典』, 平凡社). 이런 홍창회가 일본 군대 병사들의 강간행위에 대해 '격렬하게' 저항했던 것이다.

끊이지 않는 강간

이러한 상황 속에서 중국 북부방면군은 종군위안소 설치를 급히 서둘렀다. 그러나 부하들의 강간행위를 징계하는 데 "눈물을 머금고 책임을 물어 엄벌한다"(사적으로는 인정할 수 있지만 국군과 국가를 위해서 어쩔 수 없이 설교한다)는 등의 침략자 근성이 그대로 드러나는 강간 긍정론을 취하고 있는 상태에서는, 다음과 같은 상황은 필연적인 귀결이라고 할 수 있을 것이다. "군 당국이 군인들의 성욕을 억제시키기란 불가능했기 때문에 중국인 여성들을 강간하지 않게 하기 위해서 위안소를 설치했다. 그러나 강간이 너무 자주 일어나서 중국 양민들은 일본 군인을 보면 어김없이 공포에 떨었다."(早尾虎雄「戰場に於ける特殊現象と其對策」)

오카무라 야스시 대장도 1938년 우한(武漢) 공략작전을 지휘하던 당시의 상황을 이렇게 쓰고 있다. "현재 각 사단은 거의 대부분 위안부 집단을 데리고 다니는데, 병참의 한 분대로 되어 있는 식이다. 제6사단 같은 경우는 위안부 집단을 동행시키면서도 강간죄가 끊이지 않는 실정이다."(『岡村寧次大將資料:

戰場回想篇』).

또한 위안소 설치의 목적은 강간방지와 성병방지, 위안제공, 스파이 방지에 있었다고 요시미 요시아키는 지적하고 있다(吉見義明, 『從軍慰安婦』, 岩波新書, 1995).

[군사적 성노예제]

종군위안부의 징발 및 연행
종군위안소 운영과 군의 관리
혹사당한 종군위안부

종군위안부의 징발 및 연행

일본인 위안부

1937년 7월에 중국과 일본의 전면전쟁이 시작되면서 본격적으로 종군위안소가 설치되었을 때 일본인 여성들도 종군위안부로 중국으로 건너갔다는 것은 이미 언급했다. 일본인 위안부 역시 상당수 존재했다고 생각된다. 일본인 위안부의 사례에 관해서는 별로 알려져 있는 것이 없지만, 적은 사례를 통해 잠시 살펴보도록 하겠다.

시로타 스즈코는 후카가와 모리시타 거리에 있는 커다란 빵집의 장녀로 태어났다. 그런데 스즈코가 공립여자직업학교를 다니고 있을 때 아버지가 가게를 담보로 해서 다른 사람의 빚

보증을 서주었는데, 빚을 진 사람이 빚을 다 갚지 못하여 가게를 차압당해 버렸다.

그래서 스즈코는 열일곱 살 때 아버지가 돈을 빌려 쓴 도쿄 가구라자카의 기생집에 아기 보는 식모로 갔다. 그러다가 기생집에서 손님접대도 하게 되었고 급기야는 손님의 수청을 들기까지 했다. 처음 수청을 들 때는 몹시 저항했으나 폭력적으로 당했다고 한다.

그후 요코하마에 있는 창녀 알선집으로 끌려갔다. "그때 빚이 있다는 말을 들었는데 그때 돈으로 1800엔 정도였다. 그러나 3년 계약에 500엔밖에 빌려주지 않았기 때문에 유곽에서는 1800엔이나 선금을 주는 곳은 없었다. 이처럼 비싼 창녀는 대만이나 남양으로 가지 않는 한 일본에서는 써주지 않는다고 했다." 그래서 대만으로 가기로 했으며, 그녀를 데려가기로 한 대만의 사창가 주인이 3년 계약으로 2500엔을 빌려주어서 일본의 기생집 빚을 갚았다.

하지만 대만에서 아무리 일을 해도 빚은 줄어들지 않았다. 스즈코는 일본에서는 물론 대만에서도 선금의 올가미에 포박되어 있었던 것이다. 그 원인은 스즈코 집이 몰락한 데 있었다. 다만 스즈코는 좋은 연줄이 있어서 다시 도쿄로 돌아왔지만, 그후에 사이판이나 트러크 섬, 파라오 등지의 종군위안소를 전전했다(城田すず子, 『マリヤの讃歌』, 日本基督教團出版局, 1971)

기쿠마루는 1925년 아오모리(青森) 현에서 태어났으나, 아버지가 장사를 하다가 실패하여 도쿄의 오쓰카에 있는 기생집에 10년 계약으로 300엔의 선금을 받고 예비기생으로 들어갔다. 만 열 살 때였다. 예비기생이란 잡일을 하면서 앞으로 기생이 되기 위해 여러 가지 기예를 배우는 사람을 말한다. 여기에서 첫 손님을 맞이한 후 도쿄의 니시고야마로 옮겨서 기생 생활을 하고 있을 때 포주에게 진 빚을 군대가 대신 갚아준다는 소리를 듣고, 아무리 해도 줄어들지 않는 빚으로부터 해방되고 싶은 마음에 이 말에 금방 넘어갔다.

그녀가 간 곳은 트루크 섬이었다. 그때가 열여덟 살이 되던 1942년 봄이었다. 트루크 섬에서는 해군 운영자 집에서 장교를 상대했으며 '군속 대우'를 받았다고 한다(廣田和子, 『證言記錄: 從軍慰安婦・看護婦』, 新人物往來社, 1975).

종군위안부의 차별구조

일반적으로 일본인 위안부들은 장교를 상대했다는 것은 당시 군인들의 증언을 통해서도 알 수 있다. 예를 들어 인도네시아의 슬라바야 종군위안소는 훌륭한 장교용 건물에 일본인 위안부가 있었으며, 병사용은 연립주택 식의 가건물에 한국인 위안부가 있었다(『證言』 Ⅶ). 또 중국 지난(濟南)에서 일본인은 장교용, 한국인은 하사관용, 중국인은 병사용으로 구분되어 있었다(같은 책). 그리고 만주의 무린에서도 장교 전용 장교구락부에는 일본인 위안부가, 병사용 위안소에는 한국인 위안부가 있었다(같은 책).

또 일본인 위안부의 이용요금은 비싸게 책정되어 있었으며, 전선지역에는 한국인 등이 있었고 후방지역에는 일본인이 배치되어 있는 경우가 많았다. 이처럼 종군위안부라는 성차별 내에서도 일본인을 정점으로 한 민족적 차별구조가 형성되어 있었다.

더욱이 일본인 위안부들 가운데는 장교 전용의 여성도 있었다(千田夏光, 『從軍慰安婦 續篇』, 三一書房, 1978). 위안부였던 기쿠마루는 1943년 12월에 귀국했는데, 그때 빚을 다 갚고도 1만 엔 정도가 남았다고 한다. 이와 같은 혜택을 누릴 수 있었던 것은 앞에서 본 차별구조의 맨 꼭대기에 위치해 있었기 때문이다.

창녀·기생에서 종군위안부로

일본인으로서 종군위안부로 되었던 사람은 앞의 두 가지 예처럼 원래 창녀였거나 기생이었던 여성들이다. 그것은 첫째로, 1938년 2월 23일자 내무성 경보국장의 "중국 도항 여성의 취급에 관한 건"이라는 통첩으로 규제하고 있었기 때문이다. 이 통첩은 '매춘업을 목적'으로 도항하는 여성에 관한 것으로서, 다음과 같은 내용을 기본 취지로 하고 있었다. "매춘업을 목적으로 하는 여성의 도항은 현재 일본에서 창녀 또는 기타 사실상 매춘업에 종사하는 만 21세 이상의, 화류병이나 그 밖의 전염성 질환이 없는 자로서 중국 북부 및 중부 지방으로 가는 자에 한하여 당분간 이를 묵인하도록 하며… 신분증명서를 발급할 것."(『資料集』 5)

이와 같이 '현재 일본에서 창녀 또는 기타 사실상 매춘업에 종사하는' 자에 한정한 것은 "이들 여성의 모집 및 알선 등을 단속함으로써 적정선을 결여하여 제국의 위신이 훼손되거나 황군의 명예를 실추시키는 데만 그치지 않고 후방 국민, 특히 출정병사 유가족에게 좋지 않은 영향을 끼치는" 것을 방지하기 위함이었다. 여기에서 '제국의 위신' '황군의 명예' 혹은 '출정병사 유가족'에 대한 영향 운운하는 것은 "일본 본토에서 이들 여성(매춘업을 목적으로 하는 도항 여성)의 모집 및 알선을 행하는 자 가운데 마치 군 당국의 양해를 받은 것처럼 말하고 다니는 자도 최근 곳곳에서 자주 나타나고 있는 상황"을 내무성이 우려했기 때문이다.

또 '만 21세 이상'으로 제한한 것은 "여성매매에 관한 국제조약의 취지에도 어긋남이 없도록 하는 것"이 큰 이유였다. 당시 일본은 "매춘업을 목적으로 하는 여성의 매매 단속에 관한 국제조약" 등 여성의 매매 단속에 관한 국제조약에 가입해 있었다. 그에 따르면 미성년 여성에게 매춘업을 목적으로 하여 권유 등을 한 자는 설령 본인의 승낙이 있었다 할지라도 처벌받게 되어 있으며, 이때 미성년은 21세 미만으로 하고 있었다(吉

見義明, 『從軍慰安婦』). 이에 따라 내무성은 만 21세 이상이라는 제한을 두었던 것이며, 군 당국도 종군위안부라 할지라도 내무성의 지침에 따르지 않을 수 없었다.

한국인의 징용과 연행

그러나 이 국제조약은 식민지에 대해서는 적용하지 않아도 된다는 예외규정을 가지고 있었다. 일본은 이 예외규정에 근거하여 식민지 조선이나 대만으로부터 미혼의, 이른바 숫처녀들을 더군다나 미성년자까지도 가차없이 끌고 갔다. 1938년 상하이에 육군위안소가 개설되었을 때 신체검사를 담당하라는 명령을 받았던 아소 데쓰오 군의관은 당시 상황을 다음과 같이 회상하고 있다.

그들은 '황군병사'의 위문단으로서 한국이나 북규슈의 각지로부터 모집해 온 사람이었다. 흥미로운 것은 한국 여성들은 나이도 어리고 육체적으로도 깨끗해 보이는 여자가 많았지만, 북규슈에서 온 여자들은 이미 그 길에 들어서서 매춘을 하고 있던 여성이 대부분으로 이들 가운데는 서혜부에 큰 절개 흔적이 남아 있는 자도 종종 있었다. (麻生徹男, 『上海より上海へ』)

『證言』I에서 증언을 해주었던 과거 한국인 위안부들의 연행 당시의 나이를 살펴보면, 19명 가운데 20세 이하가 17명이나 되며 특히 16, 7세가 많았고 14, 5세의 어린아이도 있었다. 이처럼 어른도 되지 않은 이른바 숫처녀들이 많이 끌려갔다.

기만적 연행

이런 미성년의 여성들은 어떤 식으로 징발 또는 연행되어 종군위안부가 되었을까. 가장 많은 사례는 감언이설로 농간한 기만적 연행이었다.

1921년에 2남 3녀의 가난한 집의 장녀로 태어난 오오목 씨는 다음과 같은 식으로 끌려갔다고 말한다.

만 열여섯 살이 되던 1937년경이었다. 부모님은 좋은 사람이 있으면 나를 시집보내야겠다고 했다. 그러던 어느 날 정읍에 사는 김씨라는 남자가 나에게 "방적공장에 취직시켜 줄게. 함께 갈 친구들이 있으면 말해 보라"고 했다. 베틀 짜는 일을 하면 월급도 준다고 말하는 것이 아닌가. … 그래서 나는 돈을 벌어야겠다고 생각해서 그때 우리 집에 자주 놀러 오는 옥희와 함께 따라갔다. (『證言』I)

그런데 그들이 끌려간 곳은 만주의 끄트머리였으며, 그들은 일본군 부대 주변에 설치해 놓은 텐트촌에 집어넣어졌다. 그곳은 종군위안소였다. 이 사례와 같이 일본의 방적공장이나 군수공장에 취직시켜 주겠다고 해서 끌려온 사람이 상당히 많았다.

또 남편이 소개소에 팔아넘겼던 박순애 씨는 빚을 갚아 자유의 몸이 되고 싶다고 생각하고 있던 차에 "야전병원에서 군복을 세탁하고 부상당한 군인들을 치료"해 주면 돈을 벌 수 있다는 위문단 모집 소문을 듣고 지원했다. 그러나 라바울의 종군위안소로 끌려갔다. 이처럼 군사병원에서 간호나 잡일을 한다고 속여서 데려온 사람들도 많았다(같은 책).

이러한 사기행위는 미얀마의 미군의 "일본인 포로 심문보고"에서도 확인할 수 있다(『資料集』 99). 이것은 미군에게 붙잡힌 한국인 위안부 20명과 일본인 민간인(운영자) 2명에 대한 심문과정에서 얻은 정보이다.

1942년 5월 초순, 일본 군대가 새로 정복한 동남아시아의 모든 지역에 '위안업무'에 종사하는 한국인 여성을 징집하기 위해 일본의 알선업자들이 한국에 도착했다. 이 업무의 성격은 명시되어 있지 않았지만, 그것은 병원에 있는 부상병을 위문하고 붕대를 감는 일을 하는, 일반적으로 말하자면 장병들을 즐겁게 해주는 것과 관련된 일이라고 생각되었다. 이들 알선업자들이 여성들을 유인할 때 사용한 말은, 돈을 많이 벌 수 있고 집안의 빚을 갚을 수 있는 절호의 기회이며 또

재미있는 일과 싱가포르 같은 신천지에서 새로운 생활을 할 수 있는 장래성 있는 직업이라는 따위였다. 이런 거짓말을 믿고 수많은 여성들이 해외 근무에 응모했고 200~300엔의 선금을 받았다.

기만적인 연행에 관해서 좀더 덧붙인다면, 일본인 및 한국인 병사들이 위안부들의 호소를 듣고 그것을 증언하고 있는 내용이다.

관동군에 소속되어 있었던 한 병사는 다음과 같이 증언한다. "한국인 위안부들은 부대의 세탁부를 모집한다는 모집광고를 보고 온 것이라고 했다. 속아서 왔다고 말했던 것을 기억하고 있다. 관동군의 어용상인(御用商人)이 위안부를 알선하고 있었던 것 같다."(『證言』Ⅶ) 또 만주의 포병대에 있었던 한 병사는 친하게 지내던 한국인 위안부로부터 이런 말을 들었다고 한다. "어느 날 경찰과 이장이 집에 오더니 병사들의 옷을 빨거나 밥 짓는 일만 하면 되는데 가지 않겠냐고 했다. 2, 3년 안에 돌아온다고 계약했다. 그런데 이렇게 되어버려서…."(같은 책) 그리고 만주의 부대에 배치되어 있었던 한국인 병사(재일조선인)는 "이런 곳에 끌려와 있는 것을 우리 부모는 모른다. 어떻게 하면 좋을지 … 도와달라. 나를 여기에서 빼내달라!" 하고 간청하는 소리를 들었다고 한다(같은 책).

한 가지 예를 더 들어보면, 수마트라 섬에 있었던 도킨 도미

노스케는 자신이 호감을 가졌던 종군위안부가 자신에게 다음과 같이 호소했다고 한다. "우리는 조선에서 종군간호부라든가 여자정신대, 여자 근로봉사대라는 이름으로 끌려왔다. 그렇기 때문에 정녕 위안부 같은 것을 하게 될 줄이야 아무도 상상도 못했다. 외지로 수송되고 나서야 비로소 우리가 위안부라는 소리를 들었다. … 이제 와서 후회하고 한탄한다 해도 아무 소용 없는 것이지만, 처음에는 매일 울면서 지냈다. 일본군대가 너무 증오스럽다. … 더러워진 이 몸은 아무리 보아도 옛날의 나로는 돌아갈 수 없다. 부모형제를 만날 면목도 없다."(「戰爭體驗記: 部隊史に見る從軍慰安婦」).

폭력적 연행

이옥분 씨는 4형제의 외동딸로 태어났으며, 집은 땅을 소작 줄 만큼 넉넉한 살림이었다. 1937년 열두 살 때 울산으로 이사를 가 두 달쯤 지났을 무렵, 이웃에 사는 언니들하고 고무줄놀이를 하고 있는데 일본 사람 하나와 한국 사람 하나가 곁으로 와서는 이렇게 말했다. "너희 아버지가 조씨 집에서 바둑을 두고 있는데 너를 불러오라고 하더라"고 하자, 그녀는 이 말을 믿고 두 사람을 따라갔다.

조씨라는 사람 집으로 나를 데리고 가더니 곳간에다 집어넣었다. 그곳에는 나처럼 속아서 따라온 여자아이들이 세 명이나 더 있었다. … 오랫동안 곳간에 갇혀 있었기 때문에 몹시 무섭기도 했고, "아이고 아저씨 문 좀 열어주세요. 엄마가 보고 싶어요" 하고 울면서 소란도 피웠다. 그러자 남자 하나가 문을 열고 들어와서는 내 단발머리를 휘어잡고 커다란 몽둥이로 등이며 엉덩이를 마구 때렸다. 그로부터 석 달 동안 그곳에 갇혀 있던 우리는 소리를 내어 울 수도 없었다. … 나중에 고향으로 돌아와서 조씨 집을 찾아가 보았다. 두들겨패서 찔러 죽이고 싶은 생각도 들었지만, 그 집은 없어졌고 새 집이 들어서 있었다.

이옥분 씨는 감금된 후 부산에서 배를 타고 대만의 '영화(影化)위안소'에 팔려갔다(『證言』 I). 유괴를 했고 장기간 감금시켜 놓았다가 끌고 간 것이어서, 이것은 말 그대로 폭력적 연행이라고 하지 않을 수 없다.

김태선 씨도 폭력적으로 끌려간 사람인데, 끌려갔을 때의 상황을 이렇게 말하고 있다.

1944년 9월 초였다. 내 나이 열여덟 살이었다. 큰아버지가 "요즈음 처녀들을 끌고 가는 사람들이 많다고 하더라"고 말씀하셨다. 그러던 어느 날 큰아버지가 밖에 나가셨다 돌아오시더니 나를 보고 어서 숨으라고 하셨다. 그래서 다락방으로 올라가서 숨어 있었다. 한 일주일 정도는 아침밥을 먹고 나서는 다락방으로 올라가 오후 두세 시까지 숨어 있었다.

그날도 숨어 있었는데, 배가 몹시 고파서 내려와 식구들과 함께 점심을 먹고 있었다. 그런데 바로 그때 30대쯤 되어 보이는 국민복(아니면 군복)을 입은 일본 사람과 양복을 입은 40대쯤의 한국 사람이 사립문을 차면서 들어왔다. (…)

최씨는 나에게 빨리 밥을 먹으라고 재촉했다. 9월이었기 때문에 방문을 열어놓아, 내가 있던 방에서는 툇마루에 걸터앉아 있는 그 두 사람이 잘 보였다. 밥을 다 먹고 나니까 최씨가 "돈 벌고 싶지 않아? 일본에 가서 일년 동안만 공장에서 일하면 돈을 엄청나게 벌 수가 있으니까, 가자" 하더니 두 사람은 그 길로 내 두 팔을 움켜쥐고 끌고 갔다. (같은 책)

이처럼 폭력적 연행 역시 일반적으로 기만적 연행과 비슷한 수법을 쓰고 있었다.

강제연행

폭력적 연행은 말할 것도 없고 기만적 연행도 유괴에 해당하는 것이기 때문에, 끌고 가는 내내 차 속에서나 배 안에서 감시의 눈을 떼지 않았던 것이 일반적이었다. 따라서 이것은 강제연행이라고 하지 않을 수 없거니와 명백히 범죄행위이다.

현재 대법원은 1937년 3월 5일 "여성들을 속여서 국외의 위안소로 보낸 것은 국외 이송목적 유괴죄에 해당한다"고 유죄 판결을 내렸다. 이것은 상하이에서 위안소와 같은 가게를 운영하고 있던 일본인이 1932년에 해군위안소의 확장을 계획하고 몇 명과 모의한 끝에 "일본으로부터 여자들을 데려와 고용하기로 했으며, 그때 위안소라는 사실을 숨기고 단순히 여급 또는 식모로 고용하는 것처럼 속여서 유혹하여 상하이로 이송했다"는 사건이다(前田朗, 「國外移送目的誘拐罪の共同正犯」, 『戰爭責任硏究』 19號).

강제연행이라 하면 밧줄로 목을 묶어 끌고 가는 '노예사냥'을 떠올리기 십상이지만, 이것은 노예획득의 통속적 이미지이다. 노예는 다종다양한 형태로 끌려갔고 또 거래되었다(다만 '위안부 사냥'이 이루어지고 있었던 것에 관해서는 뒤에서 설명하기로 하겠다). 아프리카에서 미 대륙으로 끌고 간 노예연행과 노예무역을 보면, 대략 다음과 같았다(池本幸三·布留川正博·下山晃, 『近代世界と奴隷制』, 人文書院, 1995).

백인들이 아프리카 오지까지 들어가서 노예사냥을 했다고 할지라도 이와 같은 경우는 아주 드문 사례였고, 일반적으로는 아프리카 사회가 보유·축적해 놓고 있던 노예의 일부가 유럽의 노예상인들에 의해 팔려가는 식이었다. 그 노예는 왕국 혹은 부족 간의 전쟁으로 포로가 되어서, 강력한 국가에 대한 공납 및 굶주림 등으로 스스로 혹은 부모에 의해 팔려가서,

채무 담보가 되어서 또는 유괴 등에 의해 생겨난 것이었다.

유럽의 노예상인들은 쇠붙이 등 각지에서 화폐로 통용되고 있는 물품이나 알코올 음료, 화기(火器), 화약을 아프리카의 왕이나 족장들에게 주고 그들로부터 노예를 사들여 미국 대륙으로 팔아넘겼다. 즉 미 대륙으로 강제연행되었다고도 할 수 있다. 그리고 일본에서도 고대의 노비, 중세에서 근대 초기에 이르기까지 하인·소종(所從)이라고 불리는 노예가 존재했는데, 이 경우는 주로 인신매매에 의해서라기보다 맡겨졌거나 유괴에 의한 것이었다.

따라서 강제연행을 이른바 노예사냥으로 축소할 수는 없는 바, 종군위안부의 폭력적 연행이나 기만적 연행 또한 강제연행에 속한다고 할 수 있다. 성노예의 개념에 대해서도 똑같은 말을 할 수 있을 것이다.

여기에서 덧붙여두고 싶은 것은, 한국인 위안부 모두가 강제연행에 의해 그렇게 되었다고 주장하는 것은 아니라는 점이다. 하군자 씨는 17세 때 한국인 남자의 권유를 받아 중국으로 가기로 했다. 그런데 중국으로 가는 길에 들른 경성의 한 여관에는 40명 남짓한 여자들이 모여 있었고, 그 가운데는 기생이나 배우도 있었다.

충청도에서 온 사람은 나 혼자였고 경상도에서 온 사람이 가장 많았다. 내가 "언니 어디로 가는 거예요. 어느 공장인

가요?" 하고 물었더니 언니들은 "공장에 가는 게 아니야. 자장자장 하러 가는 거야. 거기 가면 부대를 전송해 주기도 하고 노래도 부를 거야" 하면서 위문단이라고 말했다.

(『證言』 II)

'자장자장'이라는 말에서 상징되고 있듯이, 그녀들(주로 기생이었던 것 같다)은 종군위안부로서 중국에 건너가는 것을 이미 알고 있었던 것이다. 이것은 한국의 신문이나 『마이니치신문』에 "'군'위안부 급 모집"이라는 광고가 게재되었던 것과 일맥상통할 것이다.

이처럼 이미 알고 종군위안부가 된 사람들이 있었다는 점을 부정하기는 어렵지만, 일본 군대가 요구하는 수요를 충당하기 위해서는 이 방법으로는 큰 한계가 있었고, 바로 그 때문에 식민지 지배를 이용한 강제연행이 성행했으리라고 본다.

뚜쟁이 및 인솔자

기만적 연행이나 폭력적 연행의 주역을 맡은 사람들 가운데는 순사나 면장도 있었지만, 강제연행에서 큰 역할을 한 것은 뚜쟁이와 알선업자들이었다.

대개는 한국인 남성들이 한국인 여성들에게 말을 건넸는데, 한국인과 일본인 두 사람이 짝을 지어 다니는 경우도 있었다.

후자의 경우 앞에서 설명한 기만적 연행에 해당하는 이옥분 씨는 "일본 사람 하나와 그 앞잡이인 듯한 한국 사람 하나"가 접근해 왔다고 말했으며, 또 김태선 씨에게 직접 지시한 것은 한국인이었다. 그리고 사기를 당해 끌려가서 전후(戰後)에도 오키나와에 남게 된 봉기 씨도 홍남에서 일본 남자와 한국 남자 두 사람을 만났으며 "한국 남자는 한국말을 모르는 일본 남자의 지시에 따랐으며 통역도 겸하고 있었다." 그후 봉기 씨를 끌고 가다가 도중에 일본 남자는 돌아갔는데 "봉기 씨는 일본 남자가 한국 남자에게 돈 얼마를 주는 것을 보았다"(川田文子, 『赤瓦の家』, 筑摩書房, 1987).

결국 한국인 여성을 직접적으로 접촉한 것은 한국인 뚜쟁이 였지만, 그 배후에는 일본인이 있었고 한국인은 그 앞잡이 역할을 하고 있었다고 볼 수 있다.

선금

한편 뚜쟁이들이 종군위안부를 조달·연행하는 것과 관련한 선금문제인데, 앞에서 인용한 미군의 "일본군 포로 심문보고"에는 '200~300엔의 선금을 받았다'고 되어 있다. 또 다른 "일본군 포로 심문보고"에 따르면, 일본인 포로 M739(운영자)는 "한국인 미혼여성 22명을 사들였는데 그 여자들의 부모에게 지불한 액수는 각각의 성격, 용모, 나이에 따라서 300엔에서부터 1

천 엔이었다"고 진술하고 있다(『資料集』 100).

　이와 같은 증언들에 비추어볼 때 한국인 종군위안부의 조달에서 선금이나 몸값이 건네진 사례도 있다는 것을 부정할 수 없다. 하지만 이것이 일반화되어 있었다고는 할 수 없다. 예를 들어 이용주 씨는 다음과 같은 방식으로 끌려갔다. 친구가 불러서 어머니에게 아무 말도 하지 않고 나가보았더니, 국민복을 입은 일본인 남자가 "나에게 옷보따리를 주면서 속에 원피스하고 구두가 들어 있다고 말했다. 보따리를 가만히 풀어보니 정말로 빨간 원피스와 구두가 들어 있었다. 그것을 받고 어린 마음에 얼마나 좋았는지 모른다. 달리 더 생각할 것도 없었고 그 자리에서 따라나섰다. 나를 포함해서 아가씨들이 모두 다섯 명 있었다"(『證言』 I). 이러한 사례는 이용주 씨에게 국한된 것이 아니었다. 이봉화 씨는 남자를 따라서 집을 떠날 때 "어머니가 돈이 없어서 옆집에서 5전을 꾸어와서는 배가 고프면 먹으라며 과자를 사주었다"(『證言』 II).

　이상의 사례들을 볼 때 선금 같은 것이 있었다고 할 수 있겠는가. 그리고 설령 선금이 있었다 해도 그것은 일방적으로 끌고 가면서 그 사람의 몸을 확보 혹은 구속하기 위한 수단이었으며 그것 자체가 부당행위라 하지 않을 수 없다. M739의 경우는 금액도 많이 주고 '사들였다'고 진술하고 있는데, 문자 그대로 인신매매에 다름없지 않은가. 어찌 되었든 선금은 강제연행을 부정하는 것이 결코 될 수 없다.

송신도 씨는 우한(武漢)의 종군위안소에서 처음으로 병사를 상대했을 때 다음과 같은 경험을 한다(川田文子, 『皇軍慰安所の女たち』, 筑摩書房, 1993).

하시모토 중사는 요금을 지불했는데도 신도 씨가 응하지 않았다면서 카운터에다 일렀다. 신도 씨는 카운터 담당자한테 이루 말할 수 없이 얻어맞고 발길질을 당했다. 그러면서 그는 군인을 상대하는 것이 싫으면 우창(武昌)까지 데리고 온 경비를 지금 당장 갚으라고 협박했다. 신도 씨는 대전에 있는 '인간 브로커'로부터도 또 고씨에게도 일전 한푼도 빌린 기억이 없는데도 30엔이나 빚이 져 있었다. (『證言』 II)

송신도 씨는 우창의 종군위안소로 팔려갔던 것이다.

홍애진 씨는 사기를 당해 끌려가서 감금되어 있었던 마산의 "여관에 가서 일주일쯤 되었을 때, 일본 사람 하나와 한국 사람 하나가 와서 나를 포함해서 다섯 명의 여자를 샀다"고 말한다(같은 책). 홍애진 씨는 자신이 팔려간다는 사실을 알고 있었으며, 홍애진 씨를 비롯한 여자들을 팔았던 사람은 아마 뚜쟁이였을 것이다.

알선업자의 배후

일반적으로 뚜쟁이에게 끌려간 여성들은 도중에 다른 인솔자에게 넘겨졌는데, 집합장소로 되어 있는 여관이나 역 또는 항구에는 각지에서 끌려온 여자들이 수십 명씩 무리지어 있는 경우가 허다했다. 여기에도 어떤 조직적인 힘이 작용하고 있었을 것으로 추측된다. 조선총독부가 관할하고 있었으리라는 점을 앞에서 추측한 바 있지만, 기만 혹은 폭력에 의한 강제연행을 하는 데 있어서 경찰이나 면장들이 조선총독부의 지휘 아래에 움직이고 있었던 것은 틀림없다.

경성의 육군사령부가 관여했다는 데 관해서는 다음과 같은 증언이 있다. 미군이 미얀마에서 일본군 포로들을 심문한 것에 의하면 이러하다.

(민간인 위안소 운영자) M739와 그 아내 그리고 처제는 조선 경성에서 요리점을 운영하여 상당한 돈을 벌었는데, 장사가 잘되지 않아 좀더 많은 돈을 벌 기회를 찾다가 조선에서 버마(미얀마-인용자)로 '위안부'를 데리고 가는 허가를 경성 육군사령부에 신청했다. 이 포로의 말에 의하면, 그런 시사는 육군사령부로부터 나온 것으로 조선에 주재하고 있는 같은 일본인 '사업가' 몇 명에게도 타진되었다. (『資料集』 100)

조선군 육군사령부는 "조선에서 버마로 위안부를 데리고 가는" 위안소 운영자를 적극적으로 긁어모으고 있었던 것이다.

군의 개입

앞에서 살펴보았듯이, 종군위안부의 조달 면에서는 군이 민간 업자를 '선정'하고 또 현지 파견군 혹은 부대가 육군성이나 대만군에 종군위안부의 파견을 요청했다. 그리고 조선군이 위안소 운영자를 모집했다는 것도 바로 앞에서 확인한 바 그대로이다. 나아가 군은 종군위안부의 연행에도 개입하고 있었다.

동네 반장인 일본인으로부터 협박과 사기를 당해 끌려갔던 황금주 씨는 다음과 같이 증언하고 있다.

우리 마을에서는 두 사람이 갔다. 반장부인이 집합 날짜와 장소를 알려주고 갔기 때문에 그 시간에 함흥역에 갔다. 함흥역에 가보니 여러 군(郡)에서 온 여자들이 스무 명 정도 있었다. … 역에서 50대쯤 되어 보이는 한국 남자가 우리 일행을 인솔해 가서 일본 군인에게 넘겨주었다. 그 군인은 우리를 군용열차에 태웠다. 군용열차의 다른 칸에는 군인들이 타고 있었다. 한 칸에 우리 일행과 다른 여자들까지 모두 한 오십 명이 타고 있었다. … 우리가 탄 칸의 앞뒤에는 헌병이 한 명씩 서서 우리를 지키고 있었다. (『證言』I)

황금주 씨는 이렇게 해서 길림역으로 끌려갔다.

다음으로, 일본인 앞잡이 노릇을 하고 있던 한국인 남자에게 사기를 당해 끌려갔던 문필기 씨는 이렇게 증언하고 있다.

… 며칠 뒤 저녁 무렵에 그 남자가 집에 와서 잠깐 볼일이 있으니까 나와보라고 해서 부모님에게는 아무 말도 하지 않고 집을 나섰다. 나가보았더니 집에서 조금 떨어진, 인적이 없는 곳에 트럭이 세워져 있었다. 거기에는 마을 파출소에 근무하고 있는 일본인 순사 다나카라는 사람도 와 있었다. 그 두 사람이 나를 트럭에 태워서 부산으로 데리고 갔다. 집에서 입고 있던 검정 치마저고리를 입은 채로 무엇 한 가지 챙길 틈도 없이 느닷없이 가게 된 것이었다.

내가 끌려갔던 곳은 부산의 한 미용실이었다. 미용실에서 내 긴 머리를 자르려고 하기에 싫다며 버텼지만 결국은 잘라버리고 말았다. 우리 마을에서 나를 끌고 왔던 남자는 다나카에게 나를 넘겨주면서 공부시켜 줄 테니까 말 잘 들으라고 하고는 어디론가 가버렸다.

… 식당에서 아침밥을 먹은 후 다른 여자 네 명과 함께 부산을 떠났다. 우리가 탄 기차에는 민간인용 차량과 군인용 차량이 있었지만, 우리는 군인용 칸에 탔다. 일본 군인이 우리를 인솔했는데, 군인들은 우리들을 따로따로 앉게 하여 서로 이야기도 못하게 했다. 서울, 평양, 신의주를 거쳐서 만주

로 들어갔다. 도중에 두 번이나 한국인 여자 대여섯 명을 더 태웠다. (같은 책)

여기에서는 일본인 순사도 역할을 하고 있다는 데 주목할 필요가 있다. 한국인 뚜쟁이 – 일본 순사 – 일본 군인 식으로 연결고리를 이루고 있었던 것이다.
또 해외로 건너간 사람들은 흔히 군용 선박을 탔다.
종군위안소가 있는 현지에 도착하면 군에 의해 배속될 위안소가 결정되었으며 군용 트럭 등으로 수송되었다. 만주의 헤이룽장(黑龍江) 성 부진(富錦)의 통신교육대에서 근무했던 한 일본인 병사는 다음과 같이 증언하고 있다.

한국인 여성이 경성역에 2천 명 가량 모여 있었는데 그들을 열차에 태워 만주 신징(新京)에 내려놓았다. 그곳에서 20~30명씩 나누어 또 열차를 태워 각지로 보냈다. 참스(장소)에서는 수십 명 규모로 여러 차례 하차시켜 국경지역에 배치했다.
부진 버스터미널에서 위안부를 인수하는 데 입회한 적이 있다. 호송해 온 헌병은 인수하러 온 헌병에게 그녀들을 넘겨주었다. 일본 민간인 매춘업자도 함께 있었다. 나는 버스로 이송해 온 스무 명의 한국인 여성을 위안소로 데려갔다. 헌병도 함께 갔다. (『證言』 Ⅶ)

여기에서는 헌병과 일본인 운영자가 동반하고 있는 것이 주목된다.

그리고 앞에서 인용한, 조선군의 권유로 미얀마로 갔다가 포로가 된 운영자 M739의 경우 "조선군사령부는 일본 육군의 모든 사령부 앞으로 보낸 서면을 그에게 건네주었는데, 그 내용은 수송, 식량지급, 의료 등 그가 필요로 할지 모르는 모든 원조를 제공해 주라고 각 사령부에 요청하는 것이었다"고 진술한 것처럼, 조선군사령부를 비롯한 군으로부터 전면적인 편의를 제공받았다.

이와 같은 과정을 통해서 젊디젊은 한국 여성들이 중국의 상하이와 난징, 광동, 한커우 등지나 만주, 동남아시아의 싱가포르, 랭군, 라바울, 파라오 등지를 비롯해서 각지로부터 끌려왔다. 개중에서는 이들 곳곳을 팔려다니다가 온 사람도 있었다.

중국인의 징발과 연행

중국에서는 중국 현지인들이 종군위안부로서 상당히 혹사당한 것으로 생각되지만, 다른 항에서 설명하는 일본 군대에 의한 폭력적인 연행을 제외하고는 과거 종군위안부였던 중국인 여성의 증언은 얻지 못했다. 오히려 일본인 병사들의 전쟁기록 여기저기에 이에 관한 내용이 나온다. 여기서 볼 수 있는 특징은, 일본 군대가 괴뢰조직인 치안유지회나 자치위원회, 촌장 혹은 상무회(商務會) 같은 중국인 유력자들이나 그들 단체에 명령해서 여성들을 모집했다는 점이다. 이것을 사기 혹은 폭력을 통한 연행과 구별해서 징발적 연행이라고 부르기로 하겠다.

양저우(揚州)의 위안부 설립에 관해서 스기노 시게루(杉野茂)는 다음과 같이 회상하고 있다.

엄한 군 규율 속에서도 세련된 조처라고 해야 하는 것인지, 아무튼 위안소를 설립하기로 했다. 우리 부대에서는 내가 설립위원으로 파견되었고, 위안소는 녹양여관이라는 4층 목조건물을 사용하기로 했다. 건물은 중앙이 4층까지 팔각형으로 천장이 탁 트여 있고 각 층의, 난간이 딸린 복도에서는 안마당이 한눈에 내다보였으며 그 복도 안쪽으로 방들이 있었다.

그날부터 자치위원회 사람과 함께 중국인 아가씨들을 찾으러 돌아다녔다. 병사 47명에 맞게 47명을 구하기로 했다. 위원회 사람은 어디에 어떤 처녀가 사는지 잘 알고 있었다. 얼굴에다 숯을 칠하고 천장 속에서 내려오는 아가씨도 있었다. 옛날부터 미인이라고 하면 일본에서는 오노노 코마치나 데루테노 히메 그리고 중국에서는 양귀비라고 했는데, 그 양귀비가 태어난 고향이 양저우인지라 미모가 뛰어난 여자가 많았다. (『第三師團衛生隊回顧錄』)

일본 군인을 배후에 둔 자치위원회가 권력을 동원하여 종군 위안부를 징발하고 있는 모습을 엿볼 수 있다. "얼굴에 숯을 칠하고 천장 속에서 내려오는 아가씨도 있었다"는 것은 곧 징발을 모면하려는 여성을 강제연행하는 것을 의미한다고 볼 수 있다. 더구나 이곳에서는 가난한 집 여성들을 노린 것이 아니라 미녀사냥을 하고 있었던 듯하다.

다음은 단가지(譚家芷) 독립산포병 제2연대의 사례이다.

연대 단렬장(段列長)이 양시당(兩市塘)에 부임했을 때, 치안유지 회장 여광남(余光南)이 전 경비대장의 치안유지회에 요구한 사항의 서두에 아가씨가 있었던 것처럼, 소규모 경비대에서는 자력으로 위안소를 운영할 능력이 없었기 때문에 중국측의 협력을 기대하기로 했으며 경우에 따라서는 강제라는 형식을 취했을 것이다. (平原一男, 『山砲の芷作戰』, 私家版, 1991)

일본 군대는 치안유지회에 아가씨의 징발을 요구했으며 그 징발이 '강제'로 이루어졌으리라는 것을 짐작할 수 있다. 중국 중부의 악주(岳州) 경비대에 소속되어 있었던 군인 역시 "위안부 모집은 군에서 마을 촌장에게 명령으로 시달되었다. 몇 명을 차출하라는 식이었다"고 증언하고 있다(『證言』 Ⅶ).

또 다음과 같은 사례도 있었다. 무읍(武邑) 현의 선무반(宣

撫班)에서 근무했던 군인의 증언이다.

　　여자를 모으는 것도 선무반인 나의 임무였다. 가까운 도회지에 가면 '삐집'이 많이 있어서 여자를 모으는 것은 간단한 일이었다. 상무회의 중국인에게 부탁하는 것이다. 내가 모아 온 여자는 모두 중국인이었다. 민가를 접수해서 위안소로 만들었는데, 위안소에는 대여섯 명의 위안부를 두었다. (西野留美子, 『從軍慰安婦』, 明石書店, 1992)

　　유곽에서 위안부를 징발하는 경우도 있었다. 이 경우 가장 적합한 중개인은 상무회였다. 그리고 앞장에서 소개한 뤄양의 경우처럼 일본 병사들이 직접 위안부를 사냥하러 다닌 사례도 있었다.
　　여기에서 다시금 중국에서의 종군위안부 징발 및 연행의 특징을 정리해 보면 다음과 같다. 첫째 현지 군대가 직접 관여하고 명령을 내리고 있는 점, 둘째 군이 치안유지회 등과 같은 현지 유력자에게 명령해서 징발하도록 한 점, 셋째로 징발은 말할 것도 없고 강제연행인 점 등이 그 특징을 이루고 있다.
　　이처럼 주로 뚜쟁이를 이용해서 강제연행한 한국과 직접적으로 차이가 나는 이유 가운데 하나로는, 식민지 지배를 하고 있는 한국에서는 뚜쟁이들을 조직할 수 있는 기능이 정비되어 있었던 데 비해 점령지인 중국에서는 그것이 불가능했다는 점을 들 수 있다. 또 한 가지는 한국의 종군위안부는 해외에 연행되어 갔던 데 비해 중국에서는 일본군이 현지에서 이용하기 위한 것이었다는 데 그 이유가 있었던 것으로 보인다.

물론 중국인 여성이 해외(미얀마)에 끌려간 사례도 있었다. 이 사례에 관해서는 『종군위안부와 15년전쟁』(從軍慰安婦と十五年戰爭, 西野留美子, 明石書店, 1993)에 상세하게 서술되어 있어서 이 책을 근거로 해서, 한 가지 사례만 들어보기로 하겠다. 체류중인 일본인이 군의 의뢰·명령(참모대령은 운영자들이 모여 있는 앞에서 "남방 파견군 총사령부의 요청에 따라 중국 파견 총사령부는 이것을 알선하고…"라고 말했다)에 따라 알선업자를 매개로 해서 중국인 여성을 사들여 미얀마로 데려가 종군위안소를 운영했으며 이후 그 규모를 더욱더 키워나갔다. 이런 경우에는 선금을 주고 여자들을 사들였다.

군사령부의 대량징발식 연행

1944년 5월 30일 '일본군 텐진방위사령부'는 텐진 특별시정부 경찰국 앞으로 다음과 같이 통고했다. ① 군인 위문을 위해 허난으로 갈 '기녀' 150명을 보낼 것 ② 기간은 1개월 ③ 부채 등은 전부 갚아주어 자유의 몸으로 해준다. ④ 신속하게 일을 진행하여 2, 3일 안에 출발시키도록 할 것.

이 명령을 받은 경찰국 보안과는 매춘업자들 모임인 '텐진특별시낙호(樂戶)연합회'를 소집해서 기녀들에게 위안부로 가도록 권유하여 보내줄 것을 당부했다. 일본군사령부의 지시에 따라 군과 현지 경찰국과 민간업자가 일체가 되어 종군위안부를 조달, 징발 성격의 연행을 했음이 밝혀지고 있다.

연합회가 권유한 결과 229명이 '자발적으로 응모'해서 성병검사를 받았으나, 도중에 도망을 간 사람 등이 많아서 86명이 종군위안부로 뽑혔다. 일본 군대는 방위사령부의 상사가 병사 10명과 함께 트럭 네 대를 몰고 가서 그 여자들을 데리고 갔다. 그러나 또 86명 가운데 반수인 42명이 도망갔다고 한다. 이처럼 많은 수의 도망자가 발생했다는 것은 '자발적 응모'가 문서상 위조였음을 나타내는 것이다(『朝日新聞』 1999. 3. 30).

1944년에 군사령부가 앞장서서 이와 같이 대규모의 징발식 연행을 성급하게 수행했던 것은, 후지와라 아키라가 말하고 있는 바와 같이 일본 육군의 대륙 통과작전, 즉 해상교통이 불가능해짐에 따라 한국-만주-중국 대륙을 경유해서 태국과 말레이시아, 싱가포르에 이르는 연락로를 만들기 위한 대규모 작전계획을 추진하고 있었던 것과 관련이 있다고 볼 수 있다. 이 작전을 수행하기 위해 허난에 대부대가 동원되었고, 따라서 위안부의 파견이 강요되었다.

동남아시아와 남태평양에서의 징발과 연행

동남아시아 국가들이나 남태평양 지역에서는 지금까지 살펴본 한국이나 중국에서의 다양한 형태의 징발 및 연행이 모두 다 나타나고 있다.

먼저 기만적 연행이다. 인도양 카르니코발 섬에서 해군 군속으로 있던 가와토 사부로는 일본에서 이 섬으로 온 종군위안부에 관한 소문을 들었다고 한다. "그 여자들 위안부의 대부분은 전쟁터로 가면 시험을 치르지 않고도 간호사가 된다는 말에 속아서 왔던 것으로 보였다. 그 여자들은 간호사가 될 생각으로 전쟁터에 종군한 것 같았다."(『ある軍屬の物語』, 思想の科學社, 1989). 그리고 칼리만탄 타라칸의 치중대(輜重隊) 제32연대의 참전일지에는 다음과 같은 기록이 있다.

> 위안부는 30명 남짓했으며 그 가운데 한 명인, 예명이 시즈코(본명은 리나)라는 열여덟 살의 어린 아가씨를 알게 되어 종종 놀러 갔다.
> 그녀들은 셀레베스 섬의 메나드에서 동인도수산회사의 사무원으로 채용한다는 말에 속아 갈레라로 끌려와 위안부가 되었던 것 같다.
> 그녀들이 여학교 시절의 세라복을 입은 사진을 보여주었는데, 일본의 여학생들과 똑같은 복장이었으며 메나드인은

미나하사족이라고 해서 피부도 하얗고 얼굴 생김새도 일본 사람과 아주 흡사한 미인이었다. 그녀들은 당시로서는 고등 교육을 받은 양가집 딸들이었다. (「戰爭體驗記: 部隊史にみる從軍慰安婦」)

이와 같이 동남아시아에서도, 징발된 현지에서 사역을 당했던 것이 아니라 셀레베스 섬에서 칼리만탄 섬까지 끌려간 사례가 있음을 알 수 있다.

또 패전 후에 셀레베스 민정부 제2복원 반장이 작성한 "남부 셀레베스 매음시설(위안소) 조서"(『資料集』 83)에 따르면, "사실상 여성의 모집 및 고용계약은 주로 민정부 촉탁 □□ 〔이름 지움〕(귀환) 및 실업단원 □□〔이름 지움〕(귀환)이 수행하여 각 지방 시설에 배치하고" 있었다. 사기를 쳐서 연행하는 일을 포함하여 '고용계약' '배치'는 순전히 민간업자가 아니라 군인 감독 아래에 있는 사람이 수행하고 있었던 것이다.

징발적 연행으로는 다음과 같은 사례도 있다. "일본인 통역인 모리야마의 소개를 받아 회계를 담당하는 다케이시 소위가 일본 본토에서 가져온 여성용 원피스 천을 가지고 다바오의 보스를 찾아가서 '위안부' 예닐곱 명을 알선해 줄 것을 부탁했다. 일주일 후에 부식을 받아서 귀대하는 길에 우리가 탄 트럭이 다바오의 보스가 지정한 장소에 들러서 현지 여성 여섯 명을 태우고 왔다."(『高野部隊ミンダナオ島戰記』, 1989) 그런가 하면

인도네시아로 귀화한 과거 일본군인 다이라 다이조는 인도네시아의 주간지 『템포』 기자에게 다음과 같이 말하고 있다.

인도네시아 여성들이 일본 군대에 의해 강제로 모집되었다고 말하는 사람이 있다면 그것은 잘못된 것이다. 이 여자들은 일반적으로 현지 촌락의 관리를 통해서 수행된 통지에 의해 모집되었다. 먼저 모아서 일본군의 사령부로 데리고 갔던 것이다. 그렇기 때문에 만약 강제로 이루어졌다고 할지라도 그것은 다름아니라 인도네시아인이 실행한 것이다. (大村哲夫, 「現地調達された女性たち」, 『世界』 1993年 7月에서 재인용)

이것은 일본군을 옹호하는 입장에서 말하고 있는 것이지만, '현지 촌락의 관리'를 통한 징발이 상당히 보편적으로 이루어지고 있었다는 사실을 밝혀주고 있다. 다만 이러한 사태가 현지 촌락의 관리들에 대한 일본 군대의 사실상의 명령 혹은 강제 없이는 이루어지지 못했으리라는 점을 다이라는 간과하고 있는 것이다.

폭력적 연행: 필리핀

동남아시아 국가들에서는 폭력적 연행, 그것도 일본 군인들에 의한 직접적인 폭력적 연행도 성행하였다. 프롤로그에서도 몇 차례 소개한 필리핀의 마리아 로사 L. 헨슨 역시 폭력적으로 끌려간 사람이다. 더구나 헨슨은 폭력적으로 끌려가기 전에, 생리도 아직 하지 않는 14세 때 일본군 장교와 병사에게 두 차례나 강간을 당했다. 그후 그녀는 항일게릴라 조직인 프크바라하프단에 가입하였는데, 1943년 4월 어느 날 조직의 지시를 받고 남자 게릴라 두 명과 함께 이웃 도시로 가게 되었다. 검문소를 무사히 통과하고 막 검문소를 지나치려고 하는데 그녀만 다시 오라고 손짓하였다. 그 길로 그녀는 경비병에 의해 일본군 사령부 겸 주둔지로 사용하고 있던 건물 이층으로 끌려갔다. 그날 밤은 아무 일도 일어나지 않았다.

그 다음날 나 자신이 수많은 병사들의 성적 상대가 되어야 한다는 사실을 알았다. 맨 처음에는 열두 명의 부대원이 번갈아 가며 강간을 했다. 그리고 나서 30분 가량 사이를 두었다가 다시 또 열두 명의 부대원이 들어왔다. 나는 출혈을 심하게 했고 온몸이 상처투성이로 엉망진창이 되었다는 것을 느꼈다. 이튿날에는 일어서지도 못했다.
한 소녀가 아침밥을 날라다 주었다. 그 소녀에게 물어보고 싶었지만, 경비병이 버티고 서 있어서 말 한마디 건네지 못했다. 밥이 목으로 넘어가지 않았다. 아랫도리가 부어올랐는지 너무 아파서 견딜 수가 없었다. 혼자서 울고 또 울고 하염없이 울면서 엄마 이름을 불렀다. 일본군에게 죽음을 당할

지도 모른다는 생각이 들었다. 저항하려고 해도 어떻게 할 도리가 없었다. 낮 2시부터 밤 10시까지 병사들이 줄을 서서 나를 강간하는 나날들이 시작되었다. 다른 여섯 명의 소녀들 방에도 병사들이 줄을 지어 서 있었다.

그녀가 감금되어 있던 위안소는 뒤에서 설명할 강간위안소에 포함되는 것인지도 모르지만, 또 헨슨은 일주일에 한 번씩 일본인 의사로부터 검진을 받았다. 그리고 그 의사도 검진한 뒤에 그녀를 강간했다.

레메디오스 발렌시아도 헨슨과 마찬가지로 우연히 폭력적으로 끌려가 똑같은 고통을 당했던 사람이다. 다음은 발렌시아의 증언이다.

1943년 10월 무렵에 마닐라 파코 시의 시장에서 생선을 팔고 있었을 때이다. 일본군 병사 세 명이 다가오더니 다짜고짜 내 손을 움켜쥐고 껴안을 듯이 하고서 끌고 갔다. 근처의 빈집으로 끌려갔다. 야자나무로 지은 집이었는데 크기가 서너 평쯤 되었다. 한 병사가 무슨 말을 하니까 다른 병사들은 밖으로 나가버렸다. 거기에서 병사에게 강간당했다. 그곳에는 시장에서 일하고 있다가 다른 병사들에게 끌려온 여자도 있었다.

그후 딱딱한 좌석이 달린 트럭에 실려 마닐라 시내 다코타

지구에 있는 커다란 집으로 끌려갔다. 그 집은 2층이었는데, 일층에는 10평 가량 되는 큰 응접실이 있고 이층에는 침대 하나 넣으면 빈 공간이 없을 정도로 작은 방이 네 개 있었다.

그곳에는 데루미라는 이름의 일본 여자와 젊은 필리핀 여자도 네 명이 있었다. 데루미는 스물여덟 살 정도 되어 보였고 나보다 키가 약간 큰 155센티 가량 되었다. 데루미는 그 집 일층에 살면서 식사준비를 하거나 의사를 데리고 오는 등 그 집을 관리하고 있었다. 또 낮에는 일본인 남자 두 명 가량이 늘 우리를 감시하고 있었다. 집에는 자물쇠가 채워져 있었지만 방에는 자물쇠가 없었다. 그 집이 있었던 장소는 지금 마닐라 동물원 구내의 출입구 근처이다. 그곳에서는 거의 하루도 빠짐없이 하루에 여섯 명 정도, 많을 때는 열다섯 명 가량의 병사들의 성행위 상대를 해야 했다. 밥 먹을 때만 아래층 방에 갔으며 그외에는 거의 이층에서 지냈다. 다른 네 명의 필리핀 여자들도 마찬가지였다.

성행위에 대해서는 돈이나 물건을 받은 적이 없었고, 매주 토요일이면 의사가 와서 성병검사를 했다. 병사들이 거의 콘돔을 사용하지 않았기 때문이다. 어느 날은 병사가 밖으로 끌고 나가려고 해서 안 가겠다고 버텼더니 총검으로 오른쪽 정강이 부분을 찔렀다. 지금도 그 흉터가 남아 있다.

(『證言』Ⅲ)

일본군 병사의 회상기에서도 이와 같은 폭력적 연행이 있었다는 것을 확인할 수 있다. 요게노 노부미쓰는 다음과 같이 쓰고 있다. 뉴브리턴 섬 라바울 교외의 카비엔에서의 일이다.

〔1943년〕 2월 5일 설비부대에서 위안소가 문을 연다는 안내문이 왔다. 초대받은 사람은 주둔 각 부대의 간부사관. 언덕 위에 엉성하게 지은 건물들이 밀집해 있었다. 그중에는 라에에서 구사일생으로 퇴각해 온 구레(吳) 제3대 특별육전대의 사키다니 다케오도 있었다. 여자는 약 30명 정도. 대부분이 물장사를 한 전력이 있었지만, "이런 전선으로 오게 될 줄이야…" 하고 푸념을 늘어놓았다(그녀들은 연금 지급을 한다는 제안을 기대하고 있었다).
 개중에는 한국에서 끌려온 여자도 있었다. 또 일본말을 못하는 어린 소녀도 있었다. 영어와 중국어를 섞어서 사정을 들어보니 "페낭에서 저녁에 외출 금지령이 내려진 것을 모르고 길을 가다가 체포되어 이곳에 오게 되었다"면서 눈물을 흘렸다. 양가집 딸 같아 보였던 터라, 전쟁의 흔적이 이러한 곳에까지도 미치는구나 하는 생각이 들어 술맛도 떨어졌다.
　(除野信道, 「ミッドウェーの以前と以後」. 「戰爭體驗記: 部隊史にみる從軍慰安婦」에서 재인용)

폭력적 연행: 인도네시아

이와 같은 개인적·우발적인 폭력적 연행과는 또 다르게 집단적·조직적으로 폭력적 연행을 자행하기도 했다. 인도네시아 동부에 있는 앙봉 섬에서의 '위안부 사냥' 체험을 술회하는 글이 있다(禾晴道, 『海軍特別警察隊』, 太平出版社, 1975).

1944년 8월의 대공습으로 앙봉 섬에서는 남아 있던 현지 위안소도 해산했는데, 해군사령부로부터 다시 세운다는 이야기가 흘러나왔고 위안부 모집작전이 무르익어 갔다고 한다. 이 경우 "앙봉 섬과 주변의 작은 섬으로부터 다수의 위안부를 모집하려면 위안부 지원자만으로는 그 수가 적을 것이고 또 다소 강제로 한다면 주민들의 반일감정을 고조시켜서 치안상 좋지 않은 일이 발생할지도 모른다는 우려가 주요한 문제가 되었을 것이라고 생각되었다." 결국 "신속하게 대상이 될 만한 여자들의 리스트를 작성해서 본인과 교섭한다. 어느 정도의 강제는 어쩔 수 없을 것"이라는 판단을 내렸다. 현지인 경찰관을 동원해서 '위안부 사냥'이 이루어졌다고 한다. 경찰의 지휘를 담당하고 있던 기무라 사정관은 패전 후에 다음과 같이 말했다.

음… 위안부를 모집하면서 아주 호된 일을 겪었다. 사팔로와 섬에서 리스트에 올라 있던 아가씨들을 모아서 강제로 배에 태우고 있었을 때이다. 지금까지도 잊혀지지 않지만,

그 여자들이 살고 있던 부락의 주민들이 차츰차츰 항구로 모여들어서 배 쪽으로 다가오더니 딸을 돌려달라!! 딸을 돌려달라!! 하고 외치는 소리가 지금도 귀에 쟁쟁하다. 모여 있던 주민들이 주먹을 불끈 쥐고 휘두를 때는 무서웠다. 엉겁결에 나는 허리에 찬 총에 손이 갔다. 지금 생각해도 소름이 끼친다.

칼리만탄(보르네오) 섬 서부의 폰티아낙 시에서 해군 파견군의 '위안부 사냥'에 관한 실태 역시 명확하게 드러나 있다. 네덜란드 군의 전범재판 관계의 보고서에 따르면 대략 다음과 같다.

이 시에서는 1943년 전반기에 파견대장이 체류 일본인의 축첩금지령을 내리면서 그와 동시에 일본인과 성적 관계를 맺고 있던 현지인 여성 모두를 강제로 위안소에 가두라고 명령을 내렸다. 우선 일본 기업과 민정부에 근무하고 있던 여성들이 해군특별경찰대에 출두하라는 명령을 받았다. 어떤 여자는 발가벗겨져서 일본인과의 관계를 인정하라고 질책을 당했는가 하면 또 어떤 여자는 길거리에서 특경대에 체포되어 강제로 굴욕적인 검진을 당했다.

이렇게 해서 특경대에 붙잡힌 여성들은 해군 군인용(3개소)과 민간인용(5~6개소) 위안소에 나뉘어 수용되었으며,

해군위안소는 해군 파견부대가 직접 운영했고 민간용은 남양흥발(南洋興發)주식회사에 운영을 위탁했다. 위안소는 철조망으로 둘러쳐져 있어서 여자들은 특별허가가 없으면 외출을 할 수가 없었고 도망을 치려고 했던 여자의 어머니를 그 보복으로 죽여버린 적도 있었다고 한다. (大村哲夫,「現地調達された女性たち」)

이 사건에 관해서는 현지에 있었던 일본인 상사원 이제케 쓰네오가 자신의 책에서 똑같은 지적을 하고 있으며(井關恒夫,『西ボルネオ住民虐殺事件』, 不二出版社, 1987), 네덜란드의 조사보고와도 일치한다.

인도네시아에서 '위안부 사냥'을 당한 후에 싱가포르로 끌려간 사례도 있다. 하야시 히로부미는 다음과 같이 쓰고 있다.

당시 쇼난(昭南)박물관에 근무하고 있던 코나는, 1944년 4월에 새로운 문제가 발생하여 그것이 몇 개월 동안이나 계속되었다면서 다음과 같이 그 사건을 기록하고 있다. 인도네시아에서 일본 군대가 마을들을 습격해서 노동자들을 잡아와서는 이곳에 모아놓았다가 남자와 여자들을 배에 실어 싱가포르로 데려갔다. 이 가운데 많은 수가 수송 도중에 혹은 도착해서 죽었다. 이렇게 해서 끌려온 사람들 가운데 "여성들의 경우 젊고 예쁘다 싶으면 카튼 인근에 있는 병영시설

에 매춘부로 넘겼다. 그곳에서 이 여자들이 (말레이어로) '도와주세요, 도와주세요' 하고 도움을 요청하며 울부짖는 소리는 길 가는 사람들의 가슴을 찢어지게 했다"고 기록하고 있다. (林博史,「シンガポール日本軍慰安所」)

폭력적 연행: 네덜란드인

인도네시아의 식민지 종주국이었던 네덜란드 사람들은 일본군에 의해 포로수용소에 감금되었다. 그 네덜란드인 여성들도 종군위안부가 되었다. 1994년 1월 네덜란드 정부는 "일본 점령하 네덜란드령 동인도네시아에서 네덜란드인 여성에 대한 강제매춘에 관하여 네덜란드 정부 소장 문서 조사보고"를 공표했다(『戰爭責任硏究』 4號).

이 조사보고에 따르면, "위안소에서 일하고 있던 200~300명의 유럽 여성들 가운데 65명은 매춘을 강요당했던 것이 확실하다." 이 65명이라는 수치의 근거는 밝히고 있지 않은데, 조사자가 지나치게 신중한 태도를 취하고 있는 게 아닌가 생각된다. 그렇다고 하더라도 상당히 많은 수의 네덜란드 여성들이 '강제매춘'을 당했다는 사실을 인정하고 있다. 이어서 다음과 같이 지적하고 있다.

1943년 중반부터 1944년 중반에 이르기까지 위안소에서 일할 여자들을 모으기 위해 육군이나 헌병대가 직접 실력행사를 한 사례가 눈에 띄게 많아졌다. 초기의 매춘 알선업자를 통한 설득 혹은 위협, 간접적인 협박 등과 같은 압력하고는 그 양상이 상당히 달라지고 있었다. 그리고 그 무렵이 되어서는 육군과 군정부가 일본인이나 한국인 업자의 도움을 받아 직접 주도권을 잡고 위안소 설치에 나섰던 것 같다.

네덜란드인에 대한 강제매춘, 즉 폭력적 강제연행의 구체적 양상을 알기 위해서 잔 오헬네의 증언을 들어보기로 하자(『證言』IV).

앙바라와 수용소에 어머니와 여동생 둘과 함께 수용되어 있던 오헬네는 1944년 2월에 일본 병사들이 우르르 트럭을 타고 와서는 "17세 이상의 독신 여성은 안뜰에 정렬하라"는 명령을 내렸다. 오헬네도 그 긴 줄에 섰다. 일본 병사들은 "위에서부터 아래까지 뚫어져라 쳐다보며 자기네들끼리 서로 웃으면서 우리들 가운데 누군가를 손으로 가리키곤 했다." 그리고 열 명의 소녀가 지명되었고(나중에 여섯 명이 추가되었다), 오헬네도 이 가운데 들어 있었다. "여자들의 울음소리와 비명 지르는 소리가 들렸다. 용감하게 일본 사람을 향하여 우리를 돌려보내 달라고 하는 여자도 있었다."

오헬네를 포함한 여자들은 억지로 트럭에 실려 끌려가서 커다란 집으로 들어갔다. 이튿날 모두를 모아놓고 일본 병사가

"일본인의 성을 위로하기 위해 이곳에 온 것이다" 하고 설명했다. "나는 공포에 온몸이 부들부들 떨렸다." 이윽고 일본 사람들이 대거 몰려와서는 저항하는 소녀들을 방마다 가두었다. 있는 힘을 다해서 저항하는 오헬네를 장교가 짓누르고는 강간했다. 이어서 몇 사람에게 강간당했고 그와 같은 날들이 계속되었다. "일본 사람에게 강간당할 때마다 나는 늘 저항했다. 거칠게 다루지 않고는 나를 강간할 수 있는 일본인은 아무도 없었다. 그들은 언제나 죽이겠다고 협박했으며 죽도록 얻어맞기도 여러 차례였다."

일본인은 "나에게서 모든 것을 빼앗아가 버렸다. … 그러나 그들이 나한테서 절대로 빼앗아갈 수 없는 것이 하나 있었다. 나의 신앙, 하느님에 대한 사랑이다. … 잔인하고 야만적인 일본인들로부터 받은 고난을 모두 이겨낼 수 있었던 것도 신에 대한 나의 깊은 믿음이 있었기 때문이다."

이상으로 일본 군대의 폭력적 강제연행에 의해 종군위안소에 감금되었던 사례를 살펴보았다. 이렇게 보면, 일본군에 의한 폭력적인 강제연행은 동남아시아 모든 지역에서 특히 두드러졌다는 것을 알 수 있다.

응모

물론 여성 자신이 종군위안소에 자원해서 가는 경우도 있었

다. 다음의 사례에서도 알 수 있듯이, 이런 사람 가운데는 매춘 경험자가 많았던 것으로 보인다. 앞장에서 일본군이 싱가포르를 점령한 후에 종군위안부 모집광고를 신문에 냈다고 말했는데, 하이시 히로시는 여기서 더 나아가 종군위안소 설립 당시(2월 27일)의 모습에 관하여 당시 소대장이었던 후사야마 다카오의 증언을 소개하고 있다(林博史, 「シンガポールの日本軍慰安所」).

군사령부의 후방담당이 급하게 주민들 중에서 위안부를 모집했다. 그러자 지금까지 영국 군인들을 상대했던 여자들이 속속 응모를 해서 순식간에 예정한 숫자를 초과하여 담당을 놀라게 했다. 난공불락의 싱가포르 요새를 함락시킨 일본군 장병은 바야흐로 이곳 여성들에게 선망의 대상이었기 때문에 "일본 병사들을 상대할 수 있다면…" 하면서 기꺼이 응모하였고, 트럭을 타고 위안소로 가는 길에도 지나가는 일본 병사들에게 손을 흔들면서 애교를 부렸다. 그런데 위안소에 도착해 보니, 그녀들이 상상도 하지 못했던 엄청난 격무가 기다리고 있었다.(『南海のあけぼの』)

그 '격무'란 위안소의 각 방에 줄을 이어 밀어닥치는 엄청난 숫자의 병사들을 상대해야 하는 것이었다. "영국군 시절에는 하룻밤에 한 사람 정도만 상대해서 자신들도 그런 대로 즐기

곤 했던 여자들은 예상이 완전히 빗나가 비명을 질러댔다. 네댓 명을 끝내면 '이젠 도저히 못해. 몸을 가누지 못하겠어' 하며 배를 움켜쥐고 주저앉았다. 그래서 담당 병사가 '오늘은 여기까지' 하고 끝내려고 하면, 기다리고 있던 병사들이 길길이 날뛰며 마치 금방이라도 때려죽일 듯한 기세로 대들었다. 겁에 질린 담당 병사는 어쩔 수 없이 여자들의 손발을 침대에 묶어놓고는 '자, 하시오' 하면서 문을 열었다고 한다."

여기에는 일본군 위안소 혹은 종군위안소이기 때문에 지니는 특이함이 드러난다고 할 수 있을 것이다.

종군위안소 운영과 군의 관리

군 직영

종군위안소 운영과 관련해서는 주로 종군위안소 운영자에 대해 살펴보기로 하겠다. 종군위안소는 군이 직영하는 것과 민간인 업자가 운영하는 것이 있었음은 이미 지적한 바 있다. 이에 관해서 잠시 검토해 보기로 하겠다.

아소 데쓰오는 "상하이 파견군 공사로 부근의 양씨 가문 저택에 군 직할 위안소가 질서정연하게 병영 아파트 식으로 지어져 있었다. … 이것을 본떠서 민간 쪽에서도 강만진(江灣鎭)의 한 모퉁이에 위안소 몇 채를 세우게 되었다"고 쓰고 있다(『上海より上海へ』). 군 직할 위안소에는 앞에서 설명한 것처럼 뚜쟁이

들을 통해서 끌고 온 일본인 및 한국인들이 있었고, 후자에는 다마노이 등의 업자들이 데려온 창녀들이 있었던 것 같다.

또 난징 주재 총영사관의 1938년 4월 16일자 "체재 본국인의 각종 영업허가 및 단속에 관한 육군성·해군성·외무성 3성 관계자 회동 결정사항"에는 이런 구절이 들어 있다. "육군 및 해군에 전속되어 있는 주점과 위안소는 육군 및 해군이 직접 운영·감독하는 것이므로 영사관은 간여하지 말 것."(『資料集』32) 즉 난징에서는 육군 및 해군이 위안소를 직영하고 있었던 것이다. 그리고 창저우(常州)의 독립공성중포병 제2대대장의 1938년 1월 20일자 "상황보고"에는 "위안시설은 병참이 운영하는 곳 및 군 산하 부대가 운영하는 곳 2개소가 있음"(『資料集』39)이라고 씌어 있다. 이 경우 '운영'이라는 단어가 의미하는 바는 분명치 않지만, 군 직영의 가능성도 있을 것이다.

이와 같이 상하이나 난징 같은 대도시에서도 중국 전선 초기에 설치된 종군위안소는 군 직영이 많았다. 또 "매음시설에 관한 조사보고"에 따르면, 셀레베스에서는 책임자급의 상당수 '일반 본국인들' 중에는 육군 중령과 해군 대장이 섞여 있었으며, 여기에는 '부대에서 경영한다'고 씌어져 있을 뿐 아니라 "식량, 의류, 침구, 식기류, 수도료, 고용인의 급료 등 일체를 부대의 부담으로 한다"고 되어 있다(『資料集』83).

군 직영 위안소는 전선기지나 변경지역에 많았던 것이 아닌가 생각된다. 한커우에서 이틀 정도 가야 하는 농촌의 종군위안소에 있었던 이영란 씨는 "돈이 필요하면 주인에게 달라고 해서 썼다. 한 달에 한 번씩 돈을 받았다. 주인은 두 사람 다 군인이었는데 3, 40대쯤 되어 보였다. 관리하는 여자는 없었다"고 증언하고 있다(『證言』Ⅱ). 이 위안소는 확실히 군 직영이다.

일본 병사였던 사람의 증언에서도 군 직영 위안소가 있었음이 확인된다. 창장(長江) 상류의 악주(웨양의 옛 이름)에 배치되었던 한 일본 병사는 이렇게 증언하고 있다. "이곳 위안소는 완전히 군이 관리하고 있었다. 위안소의 접수일을 맡았던 적이 있다. 입구에서 병사들에게 방 번호표를 주었다. 안으로 들어가면 부대원은 요금 군표(軍票)를 출입구 옆의 창구에 있는 회계병사에게 준다."(『證言』Ⅶ)

또 와다 다케오는 증언집회에서, 자신은 제116사단 대대장으로서 도강작전에 참가했는데 1945년에 제1선에서 싸우고 있을 때 사단 참모로부터 위안소를 설치하라는 명령이 내려와 부관이 위안부를 모았다고 했다. 대대에 위안부가 서너 명 있었지만 중국인 유력자를 중간에 세워서 고아 등을 모았으며, 민간인 운영이 아니라 군 직할 위안소였다고 증언하고 있다. 남양 방면에서는 파라오의 코롤에 배치되었던 병사도 "일본 본토의 위안소는 업자가 관리했지만 남양의 경우는 분명히 군이 관리하고 있었다"고 증언하고 있다(같은 책).

앞절에서 살펴본 점령지의 치안유지회 및 촌장 등 현지 유력자들에게 명령해서 위안부를 징발한 경우라든가 군이 직접 폭력을 행사하여 끌고 온 경우는 군 직할 운영이었다고 생각된다. 당시 뉴기니아에 있었던 병사는 이렇게 말한다. "이곳 위안소에 있었던 위안부들은 현지 인도네시아인 여자들이었다. 열 명이 넘었던 것으로 기억한다. 군이 여자들을 마구 끌고 왔으며, 무료 위안소였다. 위안부들이 구속되어 있었는지 어땠는지는 잘 모르겠지만 부대가 관리하고 있었던 것은 확실하다."(같은 책)

민간인 업자

민간인 업자의 대부분은 일본인 혹은 한국인이었다. 일본인 운영자는 일본과 한국, 중국, 동남아시아 국가들의 위안부를 대규모로 거느리고 있었던 데 비해 한국인 운영자는 한국인 위안부를 데리고 있었던 것으로 보인다.

중국에서의 민간업자들의 국가별 숫자 및 종군위안부의 수에 관한, 지금까지 밝혀진 극소수의 사례를 제시하면 다음과 같다. 먼저 1939년의 주장(九江) "체류 본국인 직업별 인구통계"에서 종군위안소 관계자를 뽑아보면 〈표 1〉과 같다(『資料集』 54).

같은 해 난창(南昌)의 경우는 〈표 2〉와 같다(『資料集』 58).

〈표 1〉 국가별 위안소 및 위안부 수(주장)

	일본인	한국인
위안소	11개소/66명	11개소/39명
특수 여성	125명	104명

〈표 2〉 국가별 위안소 및 위안부 수(난창)

	일본인	한국인
특수 위안소	3개소/8명	8개소/50명
동 취업 특수 여성	11명	100명

주장의 경우는 일본인과 한국인 숫자가 엇비슷하지만, 난창에서는 한국인이 훨씬 많다. 그리고 이것은 '체류 본국인'에 관한 조사이기 때문에 '특수 여성'에는 그외 중국인도 포함되어 있었을 것이다.

참고로 1942년 12월에 난징과 그 주변 도시에서 실시된 성병검진을 받은 종군위안부 총인원을 국가별로 나타내면 다음과 같다(『資料集』 58).

일본인	851명
조선인	159명
중국인	921명

여기에서는 일본인과 중국인이 많은 것이 주목할 만한데, 일본인은 대부분 난징에 몰려 있었다고 할 수 있겠다.

과거 종군위안부였던 한국인의 증언에서는, 중국 등 현지로 데리고 간 일본인이나 한국인이 운영자인 경우가 많았으며 이미 종군위안소를 개업하고 있는 운영자에게 넘겨버린 자도 있었다.

한국의 흥남에서 오키나와로 끌려간 봉기 씨의 경우에는 중간에 많은 수의 여자들과 함께 부산의 한 여관에 묵었는데 "그 큰 여관은 곤도라는 쉰 살 정도 된 일본인 뚜쟁이가 전세를 낸 곳으로, 다른 숙박객은 전혀 받지 않았다." 나하(那覇)에 도착하자 "그곳에서 51명의 여자들이 최종적으로 갈 곳이 정해졌다." 봉기 씨는 도카시키 섬으로 가게 되었다. "행선지를 정해 준 사람은 규슈의 몬지(門司)에 남은 곤도로부터 여자들을 인수받아 오키나와로 데리고 간 남자였다. … 이 남자들 넷은 나중에 위안소가 문을 열자 카운터에서 여자들을 지배했다." 도카시키 섬의 카운터 책임자는 가네코였다. 미군의 공습으로 피란을 갔을 때도 "가네코는 위안소 시절에 여자들을 부려서 번 돈을 트렁크에 넣고 마치 신주단지처럼 가지고 다녔다. … 봉기 씨 등 51명의 여자들이 처음 오키나와 땅을 밟았을 때는 여자들에게 '아버지'라고 부르도록 했던 위안소의 총책임자가 있었다."(川田文子, 『赤瓦の家』). 이 총책임자가 운영자인 민간업자이고, 카운터는 그의 대리인이었을 것이다.

운영자 가운데는 외지에 나가 한밑천 잡거나 혹은 일확천금을 노리는 사람이 많았던 것으로 보인다. "1942년 어느 날 (이노우에) 기쿠오는 친하게 지내던 한 위안소 운영자로부터 '버마(미얀마 - 인용자)에 가서 같이 위안소를 차리지 않겠느냐'는 말을 들었다. 남방에 가면 돈을 벌 수 있다는 생각 끝에 그는 상하이 주둔지의 위안소 운영자 모집에 응모하기로 했다."(西野留美子, 『從軍慰安婦と十五年戰爭』).

또 유키에 부부와 그 시어머니는 광둥에서 군용식당인 '먹보식당'을 하고 있었는데, 육군참모의 의뢰(사실상 명령)를 받아 유키에 부부는 미얀마에서 종군위안소를 운영하게 되었다. "유키에 부부의 위안소 운영이 마침내 정상 궤도에 올라섰을 무렵, 참모는 또다시 위안부를 더 늘려줄 것을 요구했다." 그래서 남편이 여자들을 모으러 중국으로 갔다. "서둘러 중국으로 건너간 남편은 그 길로 먹보식당으로 갔다. 아들에게서 미얀마의 생활을 듣고 이번에는 시어머니도 아들과 함께 미얀마로 가기로 결심했다. 식당을 팔아서 만든 돈과 남편이 지니고 있던 돈을 가지고 중국인 여자 30명을 간신히 사 모았다." 시어머니는 한밑천을 단단히 잡을 속셈이었던 것이다(같은 책). 그리고 앞에서 소개한, 포로가 된 M739는 "더 많은 돈을 벌 기회를 찾아서" 미얀마로 건너가서 위안소를 운영했다.

군의 위안소 관리

여기서는 민간업자가 운영하는 종군위안소를 군부가 어떻게 관리하고 있었는가를 살펴보기로 하겠다.

광둥성 중산(中山)에 주둔해 있던 독립보병 제13여단 중산 경비대에는 제1군인구락부와 제2군인구락부가 있었다. 전자는 식당이고 후자는 위안소였다. 1944년 5월에 설정된 이곳의 "군인구락부 이용규정"에는 다음과 같이 규정되어 있다.

제3조 부대 부관은 군인구락부의 업무를 총괄·감독·지휘하여 원활하고 확실한 운영을 꾀하도록 한다.

제4조 부대에 소속된 의무관은 군인구락부의 위생시설 및 위생시설의 실시상황, 나아가 가족·가정부·사용인의 보건·조리·식단 등의 위생에 관한 업무를 담당한다.

제5조 부대 소속 회계관은 군인구락부의 경리에 관한 업무를 담당한다. (『資料集』 64)

이처럼 부대는 부관, 군의관, 회계관으로 구성된 종군위안소 관리기구를 갖추어놓고 또 운영자들이 종업원 일람과 종업원 이력서, 접대부(기생 또는 작부) 인가신청서를 병참장교에게 제출하는 것을 의무화함으로써(『資料集』 103), 군부는 종군위안부를 장악하고 있었다. 다만 비교적 규모가 큰 부대의 경우 이와 같은 형식이 갖추어져 있었는데, 이런 곳에서는 기구 차원으로 정비되어 있었던 것으로 보인다.

군부가 종군위안소를 관리하는 데 중심을 이루고 있었던 것은, 바로 앞의 인용자료에 나오는 '의무관'의 임무였다. 즉 명시적으로는 나타나 있지 않지만 종군위안부에 대한 성병검진이 관리의 중심을 이루었다. 이 점에 관해서는 앞에서 이미 서술했다. 또 종군위안부에 대한 관리로서, 군이 직접 위안부의 산보 시간이나 구역을 지정한다거나(『資料集』 70), "병참학교의 허가 없이 지정구역을 벗어나서는 안 된다"(『資料集』 103)고 규정해 놓은 곳도 있었다. 단 이것은 간혹 규정이 남아 있는 곳에서 볼 수 있는 것으로서, 실제로는 명시적 혹은 불문율의 규정에 의해 여러 가지 방식으로 통제를 하였을 것이다.

군의 위안소 관리에서 중심을 이루는 또 한 가지는 장병의 위안소 이용 시간 및 요금에 관한 것이다. 한 예로서 필리핀 남부지구의 규정을 살펴보면 〈표 3〉과 같다(같은 책).

이 표에서 알 수 있듯이 "원칙적으로 하사관 및 병사는 밤샘(all night) 이용이 허용되지" 않았다. 또 이 이용 시간 및 요금 체계는 군대 내의 위계질서(hierarchy)에 따라 정해졌을 뿐 아니라 이 질서를 유지시키는 역할을 했다.

그리고 요금은 선불로 해서 "운영자는 위안소 이용손님에게 군표를 받고 '위안권'을 주었으며 접객부가 받은 '위안권'을 기록하는"(같은 책) 방식이 일반적이었지만, "요금은 위안부에게

〈표 3〉 남부지구 병영 내 위안소 규정요금

계급	시간	요금		
		일본인	한국인	중국인
장교·준사관	1시간	3엔	3엔	2엔50전
	야간이용 24시부터	10엔	10엔	7엔
	22시부터	15엔	15엔	10엔
하사관	1시간	2엔50전	2엔50전	2엔
	30분	1엔50전	1엔50전	1엔
병사	1시간	2엔	2엔	1엔50전
	30분	1엔50전	1엔50전	1엔
비고	1. 군속은 개개의 신분에 따라 소정 요금을 지불한다. 2. 이용객은 상기 요금을 초과하는 금액을 위안소 운영자 또는 위안부에게 지불해서는 안 된다.			

* 영업시간은 아래와 같이 한다.
  병사: 10시부터 16시까지
  하사관: 16시 10분부터 18시 40분까지

주는"(『資料集』69) 방식을 취하는 곳도 있었다. 또 위안부를 접촉할 때는 "부주의한 언동을 삼가고 방첩에 유의하는" 것이 강조되었으며, 위안소 내의 질서를 유지하기 위해 술 취한 자의 입실 및 음주를 금하고 있다.

다음으로 운영자와 종군위안부의 관계를 살펴보겠다. 마닐라의 종군위안소에서는 "접대부(기생 또는 작부)를 위한 음식물비·조명비·연료비 및 침구비는 운영자 부담으로 한다. 접대부는 의복비·이발비·화장품대 등은 자기 부담으로 마련"하게 했으며, "접대부 수입의 반은 운영자가 가지는 것"으로 규정하고 있다(『資料集』 103). 그리고 군에 따라서는 운영자에게 주의를 촉구하는 곳도 있었는데, "마닐라 위안소에 관한 헌병대 보고"에는 다음과 같은 내용이 들어 있다.

종업원의 건강을 유지하기 위해서는 욕실에 신경을 쓰고 식당의 청결유지 면에서 개선이 필요하다. 많은 운영자들이 자신들의 이익 외에는 관심을 기울이지 않아 그외의 목적에 대해서는 전혀 신경을 쓰지 않고 영업하고 있다. 이들은 기생, 하녀, 작부 들의 복리후생에는 전혀 관심을 기울이지 않으며, 이 여자들의 건강이나 생활은 물론이고 입욕시설 같은 것도 갖출 생각을 하지 않고 있다. 이들의 이기적 행위를 억제할 필요가 있다. (같은 책)

여기서는 오로지 자기 이익을 도모하는 데만 몰두하는 운영자들의 모습이 부각되고 있는 동시에, 운영자에 대한 군의 억제가 위생시설이라는 겉모습에밖에 미치지 않고 있음이 드러난다. 종군위안부의 건강유지나 위생관리는 군의 이해관계와도 밀접하게 연결되어 있었기 때문이다.

군민유착

한커우의 종군위안소는 난민지구 내 적경리(積慶里)의 한 구역에 위안소 거리를 이루고 있었다. 건물은 중국식 벽돌집을 개조한 것으로서, 전선에 가건물로 지은 앙페라(난초 모양의 재료로 지은 조잡한 오두막) 막사와는 전혀 다른 분위기를 풍겼다. 한커우 병참사령부의 위안계장으로 취임한 야마다 세이기치는 취임하자마자 적경리의 위안소에 대한 숙정(肅正)작업을 실시했다. 숙정작업은 다음과 같은 내용이었다.

  채무변제 원장인 개인별 매상장부 같은 것도 이유를 전혀 알지 못하고 돈 대신 빌려준다거나, 더 지독한 것은 병참에서 공정하게 배급한 이불이나 침구류까지 민간 시세로 기입되어 있기도 했다. 이와 같은 사항에 대해 캐어물으면 해명을 전혀 못하는 포주도 있었다. 그래서 이후로는 매상장부는 일체 병참경리의 인증을 받도록 했다. 포주와 위안부의 수입 배분도, 식비 및 일체 영업비용은 포주가 부담하는 것으로 하고 빚이 있는 자는 6 대 4로, 빚이 없는 자는 반분하는 것으로 정하도록 할 계획이다.
  이와 같은 방식에 대해 처음에는 포주들이 뒤에서 불평을 늘어놓은 것 같지만, 매상장부에 대한 부정행위라든가 엉성하게 기재되어 있는 경리장부 등을 구체적으로 지적하는 한편 부적격자의 경우 영업을 정지시킬 수도 있다고 엄하게 경고하였더니 그들도 마지못해 병참의 지시를 따르지 않을 수 없게 되었다. 이 선제공격은 결과적으로 큰 효과가 있었다고 본다. (山田清吉, 『武漢兵站』, 圖書出版社, 1978)

이렇게 해서 한커우의 종군위안소는 이른바 '모범'적인 위안소가 되어간 듯하지만, 그것은 야마다 세이기치라는 일종의 '인격자'(하지만 야마다는 종군위안부를 '전쟁터의 꽃'이라면서 긍정적으로 받아들이고 있다)의 개인적인 재치에 힘입은 바 큰 것으로서 이를 일반화할 수는 없다.

아무튼 야마다가 숙정작업을 했다는 것은, 그전까지만 해도 병참이 민간업자의 부정을 묵인해 왔고 군(장교)과 업자가 유착되어 있었다는 것을 의미한다. 군과 업자의 유착은 충분히 상상할 수 있는 바이다. 한커우 병참은 적경리의 위안소와 별도로 여러 개의 장교요정을 갖고 있었으며 또 군사령부는 부관부 직할의 고급요정도 가지고 있었다. "군 상층부와 이러한 요정이 유착되어 있었다는 것은 부정할 수 없을 것이다"고 야마다도 쓰고 있다.

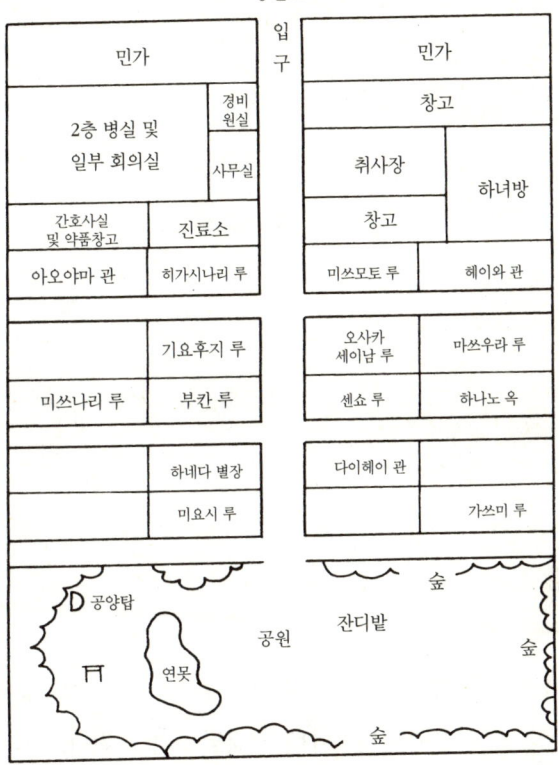

한커우 적경리의 위안소 거리
자료: 山田淸吉, 『武漢兵站』(圖書出版社, 1978)

혹사당한 종군위안부

관리강간

기만 혹은 징발에 의해 끌려와 종군위안소에 강제로 들어가게 된 여자들은 다음과 같은 사태에 맞닥뜨리게 된다. 군의관 야마구치 도키오의 일기("창강 중류지역 퉁시 부근의 오동묘")에는 다음과 같이 씌어 있다.

8월 11일 (맑음)

아침부터 머리가 아파서 의무실에서 멍하니 누워 있다 보니 어느새 오전 10시. 오늘은 어제 연락이 온, 징발 P의 신체검사가 있다고 생각하니 정말로 싫어진다. 사무실로부터 '준비가 됐다'고 전화연락이 왔다. 귀안경, 면봉, 청진기, 크레졸 비눗물, 휴대용 배낭 따위를 챙겨서 말을 타고 갔다. 선무반장인 야마시타가 자기 소관이기도 하다며 따라나선다. 거들어주기를 좋아하는데다가 이런 일을 누구보다도 좋아하는 사람이다. (…)

그런데 막상 국부 내진에 들어가면 더욱더 수치스러워하며 좀처럼 바지를 벗지 않는다. 통역과 유지회장이 마구 호통을 치면 마지못해 벗는다. 침대에 똑바로 눕게 하고 촉진을 하는데, 무의식중에 손을 잡아당겨 뿌리친다. 쳐다보니 울고 있다. 방을 나오면서부터 한동안 울고 있었던 듯하다.

다음 아가씨도 마찬가지, 나도 울고 싶은 심정이다. 모두 다 이렇게 수치스러운 일은 처음 겪는데다 무엇보다도 목적이 목적인 만큼 굴욕감을 가지는 것은 당연한 일일 것이다. 면장이나 유지회장들이 마을의 치안을 위해서라고 간청하고 타이르는 바람에 울면서 온 것일까? (『戰爭責任硏究』 創刊號에서 재인용)

징발을 당하면서도 성적 봉사를 하게 되리라는 것은 꿈에도 생각지 못한 처녀들은 우선 국부검진이라는 치욕을 겪게 된다. 처녀들이 강한 거부감을 나타내는 것은 너무도 당연하다. 뿐더러 여기에서도 치안유지회장이나 면장을 매개로 한 징발적 연행의 내막이 드러나고 있다.

　과연 종군위안소에서는 어떠한 일들이 벌어졌던 것일까. 만주 길림 근처에 있는 종군위안소로 끌려갔던 황금주 씨는 이렇게 증언하고 있다. 만주의 종군위안소와 종군위안부의 양상을 자세히 묘사하고 있으므로, 길지만 인용하기로 한다.

　트럭이 도착한 곳은, 민가 같은 것은 하나도 없고 군대 막사만 보이는 끝없이 넓은 부대의 부지 안이었다. 우리는 '오두막'이라고 부르는 여러 채의 막사 가운데 하나에 짐을 풀고 그날은 거기서 잠을 잤다. 함석으로 둥글게 지은 오두막의 바닥에는 판자가 깔려 있었고 그 위에 다다미를 씌워놓았다.
　담요 한 장과 누비이불 한 장을 지급받았다. 어찌나 추웠던지 우리는 서로 껴안고 잠을 잤다. 나는 '여기에서 군인들 식사 심부름이나 빨래를 하겠지' 하고 생각했다. 그 오두막에는 우리보다 먼저 와 있는 여자들이 몇 명 있었다. 그 여자들은 우리를 보고 이렇게 말했다. "너희들도 이제는 끝장이야. 불쌍하기도 하지." 그래서 "우리는 무슨 일을 해요?" 하고 물었더니, "일은 일이지만 일이 아니야. 하라고 하면 그대로 하는 수밖에 없어. 잘못하다가는 맞아죽어" 하고 말했다.
　다음날 군인들이 와서 여자들을 한 사람씩 데리고 갔다. 나는 어떤 군인을 따라서 장교 방으로 갔다. 장교는 침대 옆에 서서 나보고 가까이 오라고 하더니 나를 끌어안으려고 했다. 내가 싫다고 하자 왜 그러느냐고 물었다. "빨래나 청소를 하라면 하겠어요"라고 했더니, 그런 일은 안 해도 된다면서 또 끌어안으려고 했다. 그래도 뿌리쳤더니 내 뺨을 마구 때렸다. 제발 살려달라고 애원했지만, 막무가내로 자기가 시키는 대로 하라고 했다. 나는 죽어도 그런 것을 할 수 없노라고 말했다. 장교가 치마를 홱 잡아당겨서 치마는 한쪽 끈만 남고 다 찢어져 버렸다. 그때 나는 검정 치마에 흰 저고리를 입고 머리는 길게 땋고 있었다. 치마가 찢어져 속치마만 걸치고 있는 나는 그래도 싫다며 주저앉아 버렸다. 장교는 땋은 내 머리를 낚아채고는 칼을 빼어 속치마를 찢어 버렸다. 나는 그만 그 자리에서 실신해 버렸다. 얼마 있다가 정신이 들어 깨어나 보니 장교는 맞은편에 앉아 땀을 닦으며 옷을 입고 있었다. 병사가 와서 나를 또 데리고 나갔다. 나는 속치마를 집어들고 치마를 감싸안고 울면서 그 방을 나갔다. 아파서 제대로 걸을 수도 없을 정도였다. 먼저 와 있던 여자가 "거 봐, 우리는 살아서 여기서 나갈 수 없을 거야" 하고 말했다.

 한 보름 동안은 하루에 서너 번씩 장교들에게 불려다녔다. 온 지 얼마 안 되는 여자는 신출내기라고 해서 한동안 장교만 상대하게 했던 것이다. 장교들은 '사쿠'도 사용하지 않았기 때문에, 이 동안에 임신한 여자들도 많았다. 임신한 것도 전혀 모르고 606호 주사를 맞으면 몸이 붓고 한기가 들면서 하혈을 했다. 그러면 병원으로 실려가 의사가 소파수술을 한다. 이런 식으로 서너 차례 소파수술을 받으면 더 이상 임신을 할 수 없는 몸이 된다.

약 보름 후, 그 오두막에 짐을 그대로 둔 채 위안소로 가게 되었다. 위안소는 아주 간소한 목조건물이었는데, 판자로 막아 방을 대여섯 개 만들어놓았다. 문이라고는 찢어진 담요를 쳐놓은 것이 전부였다. 그런 건물이 서너 동 나란히 서 있었다. 그것들말고도 위안소 건물이 또 있다고 들었다. 위안소 간판은 없었다. 방은 한 사람이 자면 딱 맞을 정도의 크기였고 판자 위에 담요를 깔아놓아서 간신히 사람 하나 지나다닐 정도였다. (『證言』I)

또 중국의 '해군위안소'로 끌려갔던 임금아 씨는 이렇게 증언하고 있다.

처음 일주일 동안은 주인 방 청소를 했다. 그 뒤에 해군들이 내 방으로 들어왔다. 무서워서 군인 상대하는 것은 하지 않겠다며 울면서 목욕탕으로 숨었지만, 주인여자에게 심하게 두들겨 맞았다. 머리에서 피가 줄줄 흐를 정도였다. 그것이 무서워 군인들한테 반항할 수도 없었다. (『證言』II)

종군위안소 생활에서 이와 같은 첫 체험에 관한 증언은 일일이 다 열거할 수 없을 정도로 많다. 이에 관해서는 일본 병사들의 증언에도 나온다. 다음은 중국 헝양(衡陽)에서 종군위안부와 '이런저런 이야기'를 나누게 되었던 군의관의 증언이다.

반도(한국 – 인용자)에서 중개업자에게 속아서, 군을 위안하는 것이 춤추고 노래하면서 위로해 주면 되는 것이라고 생각했고 또 그 중개업자도 그렇게 말했다. 그래서 중국으로 건너왔더니 '손님을 받으라'고 했다. '손님을 받으라'는 것이 무슨 일을 하는 것인지 전혀 모르고 손님 방으로 갔다가 그 자리에서 당했다. 그때부터는 자포자기 상태가 되었다. 그 숫자는 점점 더 불어났다. (『戰爭體驗記: 部隊史に見る從軍慰安婦』)

군부가 조직적으로 설치해서 관리하고 있던 종군위안소에서 강간이 이루어지고 있었던 것이다. 폭력적 강제연행은 강간과 직접적으로 연결되어 있었음은 말할 나위도 없으며, 기만이나 징발에 의해 끌려온 여성들도 이와 같이 강간을 당하고 있었다. 이것이야말로 관리강간이라고 하지 않을 수 없다.

가혹한 사역

한커우의 해군위안소처럼 "하루에 서너 명의 손님을 상대했으며, 일요일에는 다섯 명 내지 여덟 명을 받았다"(임금아 씨, 『證言』 II)는 사례도 있지만, 하루 평균 30~40명을 상대해야 했던 곳도 많았다. 앞에서도 소개한, 만주의 종군위안소에 있었던 황금주 씨는 다음과 같이 증언하고 있다.

　하루에 상대한 군인 숫자는 30~40명 정도였으나, 휴일에는 군인들이 훈도시(일본식 속옷으로 수건처럼 길다란 천 – 옮긴이) 하나만 걸치고 줄을 서 있을 정도로 밀려들었다. 아직 앞사람이 있는데도 훈도시까지 벗어버리고 커튼을 들치고 들어오는 군인도 있었다. 시간이 조금이라도 더 지나면 밖에서 "빨리 빨리" 하고 아우성을 쳤다. (『證言』 I)

계속해서 문필기 씨의 증언을 들어보자.

　군인들은 문밖에서 줄을 서서 차례대로 들어오게 되어 있지만, 자기가 먼저 들어오려고 싸우는 경우가 자주 있었다. 군인들은 각반을 벗고 기다리고 있었다. 앞사람이 안에서 오래 있으면, 빨리 나오라고 문을 두드리며 야단법석이었다. 방에 있는 시간은 병사가 30분, 장교가 1시간으로 정해져 있었다. 하지만 대개는 5분쯤 지나면 나갔다. (같은 책)

종군위안부는 성과 체력 면에서 엄청날 정도로 혹사를 강요

위안소 앞에 줄을 서 있는 일본 병사들
자료: 村瀬守保寫眞集 『私の從軍中國戰線』(日本機關紙出版センター, 1987)

당했으며, 일본인 장병들의 추태 또한 보지 않아도 눈에 선하다. 이것은 다름아니라 관리강간의 귀결이라 하지 않을 수 없다.

이러한 혹사를 당한 끝에 병을 얻게 된다. 상하이의 종군위안소로 끌려갔던 김순덕 씨는 "하루에 여러 명의 병사들을 상대해야 했기 때문에 대부분의 소녀들은 자궁 입구가 찢어지거나 피를 흘려서 제대로 걸을 수도 없었다"고 말한다(『證言』 V).

또 인도네시아의 스말란 종군위안소로 끌려갔던 정서운 씨는 '강간'을 당한 후의 일을 다음과 같이 증언하고 있다.

우리는 금방 일본 군인들의 성적 상대가 되어야 했다. 아

군사적 성노예제 179

침 7시부터 밤 8시까지 군인들이 들이닥쳤다. 하루에 수십 명의 병사들을 상대해야 했다. 너무 아파서 앉지도 서지도 못할 정도였다. 기절할 때도 있었다. 고통이 너무도 심해서 나는 군의관에게 아프다고 호소했다. 그랬더니 주사를 놓아 주었다. 그 주사는 이상할 정도로 잘 들었다. 토요일이나 일요일, 병사들이 우르르 몰려드는 날에는 하루에 다섯 대나 맞았는데, 나는 거의 혼수상태에서 군인들을 상대하기도 했다. 나중에 알고 보니 그것은 아편주사였다. (같은 책)

비인도적인 성폭력에다 한 술 더 떠 아편 같은 비인도적 약물을 써서 혹사시키고 있었다. 여기에 이르러서는 입이 열 개라도 무슨 할말이 있겠는가.

종군위안부들의 이 같은 혹사에 관해서는 일본인 병사들의 증언도 있다. 만주 무린에 배치되었던 한 병사는 이렇게 증언하고 있다. 한국인 위안부에 관한 내용이다.

그녀들은 많은 날은 35명 가량의 병사들을 상대해야 했다. 병사들은 방 앞에 줄줄이 서서 "어이, 아직 멀었어. 빨리 하라니까" 소리치면서 문을 쾅쾅 두들겼다. 한 사람당 10분인가 15분 정도였다. 위안부들은 밥을 먹을 틈도 없어서 천장을 보고 누워서 주먹밥을 먹으면서 두 다리를 벌리고 있었다. (『證言』 Ⅶ)

다음 인용문에서는 중국 웨양(岳陽) 현 신카이탕(新開塘) 종군위안소의 모습을 이렇게 묘사하고 있다.

국도까지 나가서 보니, 왼쪽 전방에 병사 50명 정도가 줄을 서 있었는데, 그 속에 동기 병사가 있어서 그에게 다가가 왜 줄을 서 있느냐고 물었지만, 모두들 애매한 웃음만 지을 뿐 대답을 하지 않았다. 자꾸 앞으로 걸어가서 보니, 그 줄은 집 안까지 이어져 있었다. 북적대는 안쪽을 계속해서 들어가니까 문도 없는 방이 나왔다. 맨 앞에는, 각반을 풀지 않은 채로 바지를 내리고 하반신을 다 드러낸 병사가 세 명 있었다. 그 앞을 보고 나는 기절할 뻔했다. 눈에 들어온 것은, 젊은 여자는 무릎을 벌려 다리를 침대 아래로 늘어뜨리고 있고 병사가 그 위에 엎드려서 격렬하게 상하운동을 하고 있는 모습이었다. 이 같은 모습은 난생 처음 보았다. 인간의 욕망이라는 것이 이토록 천박한 것인가. 거기에서는 인격이라는 것은 손톱만큼도 찾아볼 수 없었고 오직 한 마리 야수만 어른거렸다. 다른 방도 마찬가지였다. 많은 사람들이 빤히 들여다보는 속에서 태연하게 상하운동을 계속하고 있었다. 어디 그뿐인가. 다음 차례의 사람이 "빨리 하라"며, 하고 있는 자의 엉덩이를 군홧발로 툭툭 차고 있다. 여자 위에 올라타 있는 자는 그 자세에서 고개만 뒤로 젖혀 "허 참 어떻게 빨리 할 수 있어" 하고 대꾸하면서도 계속하고 있다. 끝났다

싶으니까 다음 차례의 자가 앞사람을 두 손으로 밀어젖히고 또 올라탄다. 나는 그렇게 해보라고 해도 도저히 흉내도 낼 수 없다. (讚岐章男, 『廣野の戰場』, 第一出版, 1986)

나가오 가즈로의 책에 나오는 다음의 주장도 매우 귀중하다.

이들 한국 여성들은 '종군 간호부 모집'이라는 그럴듯한 광고를 미끼로 해서 긁어모았기 때문에 시설에서 '영업'하는 것은 상상도 못했다고 한다. 바로 이것이 이들을 만주 각지로 보내 이른바 병사들의 일개 배설처리의 도구로서 몸을 버리게 해버린 운명이 되었다. 나는 나약한 감상주의자였을지도 모르지만, 전쟁을 일으키는 인간이라는 동물의 배설처리에는 가슴 저 밑바닥에서부터 환멸을 느꼈다. (…)
나는 도쿄의 요시와라나 스자키 등지의 매춘가를 이미 경험했지만, 둥닝(東寧)의 위안부는 사양하겠다. 그야말로 사람 몸이 아니라 배설장치의 한 부품처럼 여겨지는데, 이토 상등병도 동감이라고 한다. 전황은 걱정도 되지 않는가. (長尾和郎, 『關東軍軍隊日記』, 經濟往來社, 1968)

나가오는 도쿄의 유곽과 종군위안소의 차이를 강하게 인식하고 있는 것이다.

공습이 있을 때도 종군위안부들은 다음과 같은 식으로 혹사

를 당했다. 강순애 씨는 가스판 혹은 사이판에서의 체험을 이
렇게 진술하고 있다.

파라오 섬(혹은 코롤 섬)으로 돌아가기 전에 공습이 너무
심해져서 아가씨 한 사람과 군인 둘이 죽었다. 급기야 식량
도 다 떨어져 감자를 심어서 굶주림을 간신히 면했다. 그후
미군의 공습이 더욱더 심해졌기 때문에 우리는 6천 명을 수
용할 수 있는 지하 방공호를 파서 그곳으로 대피했다. 그렇
게 막다른 골목으로 몰린 상태가 되었는데도 군대는 방공호
바깥에 텐트 20개를 설치하여 그것을 위안소로 사용했다.
병사들이 줄을 지어 늘어섰다. 그 텐트 속에서 하루에 20~
30명의 남자를 상대해야 했다. 내가 순순히 말을 듣지 않는
다 싶으면 남자들은 칼로 찌르기도 했다. 오른쪽 눈과 턱밑,
목 뒷덜미, 머리 등을 칼에 찔려 지금도 그 흉터가 남아 있
다. 전쟁이 더 치열해지자, 그들은 텐트를 산속으로 옮겼다.
우리는 그곳에서도 하루 40~50명을 상대해야 했기 때문에
하루가 끝날 무렵에는 걸핏하면 실신하곤 했다. (『證言』 IV)

그리고 또 하나 덧붙이면 생리중에도 병사들을 상대할 것을
강요했을 뿐 아니라 다음과 같은 굴욕적인 일까지 강요하는
곳도 있었다. 문필기 씨의 증언이다.

평일 낮에는 빨래를 하거나 콘돔을 씻었다. 군인들이 사용한 콘돔을 안팎으로 깨끗이 씻어서 소독하고 약을 발라 다시 사용했다. 토요일과 일요일날 군인들이 사용한 콘돔을 모아서 씻어 한 번 더 사용하는 것이다. 처음에는 씻는 방법을 잘 몰라서 달포 정도는 다른 여자들이 하는 것을 보고 배웠다. 보통 위안부 한 사람이 콘돔 40~50개를 가지고 있으면서 군인들이 오면 끼워준다. 대개 세 번 사용하면 버리고 새 콘돔으로 바꾼다. (『證言』 I)

폭력적 지배

종군위안부는 장병들의 폭력으로부터도 위협을 받았다. 앞에서 소개한, 아편주사를 맞아가면서 병사들을 계속 상대해야 했던 정서운 씨는 또 이렇게 말하고 있다.

낮에는 병사들이 몰려들었고 밤에는 장교들이 왔다. 잇따라 상대를 하다가 기절이라도 하면 물을 끼얹었고 의식이 돌아오면 또 상대를 해야 했다. 그리고 장교들은 몹시 난폭했다. 그들은 항상 군도를 빼들고 우리를 반 협박조로 조롱하면서 칼끝으로 내 몸 여기저기를 찔러댔다. 내 몸은 지금도 그때의 상처투성이다. … 그뿐 아니라 그들은 담뱃불로 내 몸을 지지기도 했다. 그 화상 흔적도 여기저기 남아 있다.

하지만 무엇보다도 지독했던 것은 그들은 나를 자게 가만 두지 않았다. 가혹한 생활에 지칠 대로 지쳐 늘 잠이 부족했지만, 그들은 내가 잠이 든 것 같으면 칼끝으로 찌르곤 해서 자는 것을 절대로 허락지 않았다. (『證言』V)

또 장병들이 난폭하게 다루는 데 저항하는 종군위안부도 많았으나, 저항하면 다음과 같은 혹독한 처사가 기다리고 있었다. 파라오의 종군위안소로 끌려갔던 이상옥 씨의 증언이다.

군인을 상대할 때 '한 번'이라는 것은 보통 한 시간이었지만, 한 번 하고 나서도 옷을 입지 않고 또 덤벼드는 남자도 있었다. 이런 식으로 몇 번씩 덮칠 때는 싫다면서 거부했다. 고함을 지르며 필사적으로 저항하면 때리고 칼 같은 것으로 찌르곤 했다.
이런 생활을 도저히 견뎌낼 수가 없어서 도망을 쳤지만, 붙잡히는 바람에 혹독하게 당했다. 그 때문에 지금도 오른쪽 귀가 잘 들리지 않고 몸도 덜컥덜컥거린다. 도망치려고 시도한 사람은 밧줄로 목을 묶어서 질질 끌고 다니는 등 엉망진창으로 만들어버렸다. (『證言』I)

중국인 이영란(易英蘭) 씨로부터 채록한 내용도 한번 살펴보도록 하자.

할머니를 쳐다보는데, 왼손 집게손가락의 첫 관절에서부터 끝이 잘려져 나가서 없는 것이 우연히 눈에 들어왔다. 화제를 바꾸기 위해 어쩌다가 그렇게 되셨냐고 물어보았다. 한커우(漢口)에서 이틀 정도 가야 하는 농촌의 위안소에서, 할머니가 손님을 받지 않았다고 군 장교인 주인이 할머니 방에 들어와서는 왜 말을 듣지 않느냐며 손가락 끝을 잘라버렸다고 한다. (『證言』 Ⅱ)

운영자(장교)로부터도 육체적 제재가 가해지고 있었던 것이다.

앞의 이상옥 씨는 종군위안소 생활을 도저히 견딜 수 없어서 도망을 시도했는데, 다른 곳에서도 도망치는 사람들이 끊이지 않았다. 그러나 도망간 뒤 맞이하게 된 것은 이상옥 씨가 당한 것과 다를 바 없는 형벌이었다. 여기에 또 한 사람 정학주 씨의 경우를 소개해 둔다.

1940년 어느 날 아침이다. 나는 군대를 따라 이동해서 산둥 성에 있는 짜오좡(棗庄)으로 갔다. 기본적인 환경과 생활은 하얼빈에 있었을 때와 변함이 없었다. 여기에서도 군대 안에 있는 위안소에서 먹고 자고 했다. 주인도 일본인 부부였다. 나는 기회만 있으면 도망치려고 했다. 이곳에서도 또 반항적이라는 이유로 걸핏하면 얻어맞고 심한 고문을 당했다. 어떨 때는 화장도 제대로 하지 않고 일본 군인에게 반항을 했다는 이유로 살기 등등하게 두들겨 패고는 좁은 감옥 같은 곳에 가두어버렸다.

평소에 위안소에서 잡일을 거들어주고 있던 중국인 노인 이씨가 내 처지가 너무나도 딱하다면서 내가 도망치는 것을 도와주었다. 칠흑같이 깜깜한 밤이었는데, 부스럭부스럭 하는 소리가 들려서 나는 처음에 쥐가 뛰어다니는 줄로만 생각했다. 그러나 얼마 안 있어 기와가 벗겨지더니 할아버지 목소리가 들렸다. "아가씨, 빨리 나오게. 댁을 도와주러 온걸세." 할아버지는 나를 민가로 데리고 가서 한동안 숨어지내게 하더니 얼마 후 옷을 바꿔 입히면서 중국 돈을 조금 쥐여주고 이름도 중국식으로 이천영(李天英)이라고 지어주었다. 나는 그 할아버지의 은혜를 잊지 않기 위해서 지금도 이 이름을 쓰고 있다.

할아버지는 나에게 산 쪽으로 달아나라고 일러주었다. 그래서 나는 산 쪽으로 뛰어갔는데, 가다가 여자 둘을 만났다. 나는 너무 놀란데다 또 경계심을 풀지 않고 서로 신분을 물어보았더니 그 여자들도 한국인 위안부였는데 지금 막 도망 나오는 길이라고 했다. 우리는 같은 처지인지라 줄곧 함께 도망을 쳤지만, 얼마 안 되어 출동한 일본군들이 우리를 뒤쫓아왔다. 두 사람은 사살되었고 나는 수류탄 파편에 맞아 붙잡혔다. 지금도 왼쪽 장딴지에는 그때 수류탄에 맞은 상

처가 남아 있다. 나는 잡혀가서 고문을 당한 후에 다시 감옥에 갇혔다.(같은 책)

민간인이 운영하는 위안소에 있는 종군위안부라 해도, 도망을 가면 군이 즉시 출동을 했다. 여기에서도 종군위안부가 군의 관리 아래 있었다는 사실이 여실히 드러난다.

앞에서도 잠시 언급했지만, 군은 위안부들의 도주를 방지하기 위해 위안부들에게 외출의 자유를 인정하지 않았을 뿐 아니라 감시체제를 갖춘 곳도 있었다.

대만의 종군위안소에 있었던 이용주 씨는 "폭격으로 방공호로 갈 때 외에는 감시가 삼엄해서 밖에 나가는 것은 불가능했다. 위안소 밖으로 나가면 맞아죽는다, 죽인다 따위의 말을 들었기 때문에 무서워서 감히 나갈 엄두도 못 내었다"고 증언하고 있다(『證言』 I). 또 라바울 종군위안소에 있었던 박순애 씨는 이렇게 증언한다. "마치 감옥에 갇혀 있는 것처럼, 밖으로 바람이나 쐬러 가고 싶어도 위안소 옆에는 헌병초소가 있었으며, 헌병들은 우리가 밖으로 나가지 못하도록 감시를 하고 있었다."(같은 책)

한커우의 사정도 이와 별반 다르지 않았다. "적경리 입구에는 항상 보초가 서 있었고 증명서가 없으면 안으로 들여보내지 않았다. 적경리 안에는 이런 위안소가 많이 있었지만, 여자들은 자기가 있는 위안소 바깥으로 자유롭게 나가지 못했다.

일주일에 한 번씩 다른 집(진찰소)에 검진받으러 갈 때와 일주일에 두 번 몇 명씩 함께 목욕탕에 갈 때만이 집 바깥으로 나가는 기회였다."(이봉화 씨, 『證言』 II)

그러나 다음과 같은 경우도 있었다. 광둥의 종군위안소에 있었던 이영숙 씨의 증언에 따르면 "외출할 기회가 있으면 돈을 받아서 속옷이나 화장품을 샀다. 군인들이 별로 오지 않는 날을 골라서 한 달에 한두 번씩 외출해서 극장에 가 영화를 보기도 했다. 주인이 데리고 갈 때도 있었고 우리끼리만 갈 때도 있었으며, 중국 사람이 끄는 인력거를 타고 갔다"(『證言』 I). 대체로 중국의 대도시에서는 비교적 규제가 느슨했던 것 같은데, 이런 점은 가혹한 사역의 경우에도 그러했던 것으로 보인다.

선금과 계약기간

폭력적 연행의 경우에는 선금이나 계약기간 같은 것을 생각할 수 없지만, 사기나 징발에 의한 연행 또는 응모의 경우에는 선금이나 계약기간이 정해져 있기도 했다는 점은 앞에서 언급했다.

한국에 있을 때 이미 인신매매를 당했던 장추월 씨는 "내가 빚을 다 갚은 것은 우창에 있을 때였다"고 말한다(『證言』 II). 그리고 소개소에서 위문단을 모집한다는 말을 듣고 빨리 돈을 벌어 아들과 함께 살겠다는 생각에 자진해서 지원한 박순애 씨는 라바울의 종군위안소로 끌려갔는데, "공습은 갈수록 더 심해지고 사람들은 고향으로 돌아가려고 애가 타서 안절부절 못했다. 여자들은 약속기한이 지났는데도 왜 돌려보내 주지 않느냐고 주인과 몇 번씩 옥신각신했다"고 증언하고 있다(『證言』I). 이처럼 설령 계약기간이 정해져 있었다 할지라도 제대로 지켜지지 않았다.

대만의 왕청봉(王淸峰) 씨는 대만인 피해자들에 관해서 다음과 같이 보고하고 있다. 종군위안부들은 위안소로 끌려가서 "속았다는 것을 알았지만, 떠나기 전에 아버지에게 일본 사람으로부터 받은 400엔을 주었기 때문에 이의를 주장할 엄두를 내지 못했다"(『證言』IV).

미얀마에서 미군이 작성한 포로 심문보고, 즉 한국인 위안부 20명과 일본인 운영자 2명에 대한 심문에 의하면, "이들 알선업자들이 사용하는 감언이설은 큰돈과 가족의 빚을 갚을 수 있는 절호의 기회, 게다가 수월한 일과 싱가포르 같은 신천지에서의 새로운 생활이라는 장래성이었다. 이 같은 거짓말을 믿고 많은 여성들이 해외근무에 응모했고 200~300엔의 선금을 받았다"(『資料集』99).

선금을 받거나 빚을 대신 갚아준 사례가 있었던 것은 사실이지만, 분명한 것은 이 경우는 노동에 대한 대가가 아니고 기만적 연행에 대한 신병확보의 수단에 불과했다는 점이다. 이것은 관리강간 체제 아래서 가혹한 사역이 강요되는 상황으로 몰아넣는 것이기 때문에, 선금은 결코 위안부를 합리화하는 논거가 될 수 없다. 또한 박순애 씨의 증언에서 알 수 있듯이 사기에 걸려서 '응모'한 경우에는 선금을 주었을 것으로 여겨지지만, 그럼에도 불구하고 사기나 징발에 의한 연행의 갖가지 행태를 판단해 볼 때 선금을 일반화할 수는 없다고 본다.

더구나 다음과 같은 방식의 선금도 있었다. 한커우 적경리의 종군위안소로 끌려간 하군자 씨의 증언이다. "주인은 나를 데리고 온 한국인 남자에게 돈을 주고는 그 동안 쓴 기차비가 얼마이고 옷값이 얼마라고 나에게 말했다. 그것을 내가 몸을 팔아서 갚아야 한다는 것이었다. 이 돈을 다 갚기 위해서는 3년은 일을 해야 할 것이라고 했다."(『證言』Ⅱ) 이렇게 해서 빚의 올가미가 씌워졌던 것이다.

보수

보수와 관련해서는, 운영자와 위안부 간에 6 대 4 혹은 5 대 5 등의 분배율이 일단 있었던 것 같지만, 과거 종군위안부였던 사람들은 한결같이 "돈은 받지 않았다"고 증언하고 있다.

그것은 다음과 같은 계략이 있었기 때문이라고 생각된다. 그 한 가지는, 이득남 씨의 증언에 의하면 운영자인 김씨는 "총매상의 70%는 자기 몫이고 우리에게는 30%를 준다고 했다. 위안소를 나갈 때 한꺼번에 주기 위해서 자신이 장부에다가 기록해 놓고 있다고 말했다"(『證言』 I)는 것이다. 인도네시아인 마르디엠 역시 "가격이 표시되어 있었지만, 나는 그 금액을 받아본 적이 한 번도 없었다. 손님이 나에게 준 것은 콘돔 두 개와 표 같은 것뿐이었다. 우리에게 '줄 돈은 저금해 놓고 있으니까 돌아갈 때 준다'는 말을 들었다"고 증언하고 있다(『證言』 V).

이와 같이 위안소에서 나갈 때 '일괄 지급'한다느니 '청산'한다느니 속이면서 위안부들에게는 돈을 주지 않았던 것이다. 그리고는 패전 때 운영자들은 재빨리 몸을 감추어버렸으며, 그렇지 않은 경우라 할지라도 위안부들이 받았던 것은 아무런 가치도 없어진 군표뿐이었다.

또 한 가지는 이상옥 씨의 증언에서 확인된다.

여자들에게는 각자 방이 있었고, 방에는 작은 서랍장 하나가 놓여 있었다. 이불도 있었는데, 이 이불과 서랍장 대금은 우리가 번 돈에서 제했다. … 나의 한 달 급료는 30엔이라고 했지만, 옷이며 화장품, 거울 같은 것을 갖다주고는 그만큼을 제해 버렸기 때문에 나는 돈을 손에 쥐어본 적이 없다. 운영자는 손님을 받아야 하니까 예쁘게 하고 있어야 한다면서 저고리나 기모노, 원피스를 가지고 와서 사게 했으며 반찬도 비싼 것을 만들어서 급료에서 뺐다. (『證言』 I)

이러한 증언은 많이 있다. 이 책에서 자주 인용한 미얀마의 미군이 작성한 포로 심문보고서에는 이렇게 기록되어 있다.

미치나에서는 위안부들은 일반적으로 각자 방이 있는 2층 건물의 커다란 가옥(보통은 학교건물)에서 침식을 하고 있었다. 위안부들은 모두 그곳에서 자면서 영업을 했다. 그녀들은 일본군으로부터 일정한 식량을 배급받지 못했기 때문에, 미치나에서는 '위안소 포주'가 조달해 온 식품을 사먹고 있었다. 버마(미얀마 - 인용자)에 있는 위안부들의 생활형편은 다른 곳과 비교하면 사치스럽다고도 할 수 있을 정도였다. 이 점은 특히 버마에서 생활한 지 2년째 되는 사람들에게 해당된다고 할 수 있었다. 식품이나 물자의 배급량은 많지 않았지만, 사고 싶은 물품을 구입할 돈은 충분히 받고 있었기 때문에 그녀들의 형편은 좋은 편이었다. 그녀들은, 고향에서 보내온 위문품 자루를 받은 병사들이 갖다주는 갖가지 선물에다 옷이며 구두, 담배, 화장품까지도 살 수가 있었다. … 그녀들은 축음기도 갖고 있었는가 하면 도시에서는 물건 사러 나가는 것도 허용되었다. (…)

'위안소 포주'는, 위안부 개개인이 계약을 맺은 시점에서 어느 정도의 빚을 지고 있었는가에 따라 차이는 있지만, 위안부 총수입의 50~60%를 챙겼다. 이것은 위안부가 보통 월 1500엔 정도를 벌어들이고 있었음을 의미한다. 위안부는 포주에게 750엔을 주고 있었던 것이다. 대부분의 포주는 식품과 기타 물품의 대금으로 위안부들에게 많은 돈을 청구했기 때문에 그녀들은 갈수록 생활이 어려워졌다. (『資料集』 99)

앞부분에서는 '사치스러운' 생활, 뒤에서는 '생활의 어려움'이라는 언뜻 보면 모순되는 설명 같으나, 이것은 다음과 같은 사태를 반영한 것이라고 여겨진다.

미치나의 종군위안소가 다른 곳에 비해 급료가 높았던 것은 사실인 듯하며, 이 점을 일반화할 수는 없겠지만 그 급료를 노려서 포주는 식품이나 물품을 비싼 값에 팔아서 이득을 챙기고 있었던 것이다. 말하자면 급료도 착취하고 있었던 셈이며, 그 결과 종군위안부들은 갈수록 생활이 어려워졌다. 그리고 비싼 물건을 팔고 있었기 때문에 위안부들이 '옷이며 구두, 담배, 화장품'에다 급기야는 '축음기'까지 가지고 있는 사람이 있었다 할지라도 전혀 이상할 게 없다. 이 물건들은 포주의 착취에 걸려들게 하는 미끼였던 것이다.

종군위안부 가운데는 장병들이 주는 팁을 모은 사람도 있었다. 문옥주 씨의 경우는 상당히 특별한 예에 속하지만, 그 경험담을 소개해 보겠다.

돈 이야기가 나왔으니까 하는 말이지만, 나는 돈을 모으기 위해 얼마나 애썼는지 모른다. 아키얍에 있었을 때인데, 장교들은 일본말도 잘하고 노래도 잘 부른다면서 나를 칭찬해 주었다. 그리고 생일파티나 송별회를 할 때는 한국 사람 중에서는 후미하라(文原) 요시코말고는 없다면서 일본인 위안부와 함께 나를 불렀다. 그러면 우리는 정해진 장소에 가서 술도 따르고 춤도 추고 노래를 부르기도 했는데, 일주일에 두세 번은 그런 일이 있었고 그럴 때는 불려갔다. 상대를 잘 해 주면 그들은 팁을 주었는데, 나는 이 돈을 쓰지 않고 저금을 했다.

나는 그다지 귀여운 편은 아니었는데도 '참 예쁘다'면서 좋아하는 장교들이 이따금 내 방에 와서 자고 갔다. 장교들이 오면 병사들은 들어오지 못했다. 이럴 때 장교들로부터 받은 돈도 쓰지 않고 꼬박꼬박 모았다. 이렇게 해서 모은 돈말고도 술이나 담배 같은 것도 거저 줄 때가 많았기 때문에 나는 돈이 생기면 조금씩 야전우편국에 저축을 했다. 그리고 그후에도 돈이 생기면 통장에 갖다 넣곤 했다.

시모노세키가 발행처로 되어 있는 이 통장을 잃어버려 얼마나 낙담했는지 모른다. (『證言』I)

그런데 지원단체의 운동으로 우정성(郵政省)에 '후미하라 옥주' 명의로 된 예금 원장이 남아 있는 것이 확인되었다. 이 원장에는 1943년 3월 6일부터 45년 9월 29일까지의 예금액이 2만 6145엔이고 1946년 4월부터 65년 3월까지의 이자를 합해

서 5만 108엔으로 기록되어 있었다. 문옥주 씨가 팁을 저축했던 돈이다. 그러나 일본 정부는 부당하게도 한갓 속임수에 지나지 않는 한일청구권협정을 내세워 한국인에게 군사우편저금의 지불을 거부하고 있다(廣崎リュウ,「從軍慰安婦に返還されない軍事郵便貯金」,『週刊金曜日』26號).

마지막으로, 계약기간이 있었으며 계약기간중에는 정액의 급료를 받지 못했지만 계약기간이 지나면 운영자와 반반씩 나누었으며 또 다른 위안소로 옮겨갈 자유도 있었던 사례가 있음을 밝혀둔다. 광둥에 있었던 이영숙 씨의 경우가 이 같은 사례인데, 2년 계약기간이 지났는데도 운영자는 아무 말도 하지 않았고 친구가 가르쳐주어서 알게 되어 운영자와 싸워 간신히 자유의 몸이 되었다고 한다(『證言』I). 이영숙 씨의 사례를 통해서, 계약기간이 지나서 겨우 반반씩 배분이 되었다는 점과 또 계약기간이라는 것이 애당초부터 애매한 것이었음을 확인할 수 있다. 더구나 이영숙 씨는 일본에 취직시켜 준다는 속임수에 넘어가 따라나섰다가 종군위안소로 가게 되었던 것이다.

강간소

정규 종군위안소라고 할 수 없는 위안소가 있었다. 여기에서는 그런 곳을 '강간소'(强姦所)라고 부르기로 하겠다.

필리핀의 루피나 페르난데스의 증언에 따르면(『證言』Ⅲ), 미군이 들어오기 몇 개월 전부터 일본 군대는 지역 소탕작전을 펼치기 시작했는데 필리핀 남자들은 무조건 게릴라로 간주하여 많은 사람들이 사살되었다. 어느 날 밤 페르난데스의 집에도 일본 군인들이 쳐들어와 저항하는 아버지와 어머니를 죽이고 여동생들까지도 그들에게 죽임을 당했다.

나를 회색 일본 자동차(일장기가 붙어 있었다)에 태우더니 다른 여자들 다섯 명과 함께 커다란 집으로 데리고 갔다. 그 집은 우리 집에서 아주 가까웠는데, 두 집 정도 떨어진 곳에 있었다. 그 집은 일본군 주둔소로 일본 병사들이 50명 가량 있었다. 나를 그 집의 한 방에다 집어넣고는 나를 끌고 왔던 덩치가 큰 사관이 강간했다. 당시 나는 아직 초경도 하지 않았다. 나는 매일 여섯 명 정도의 일본 병사들에게 방안에서 강간을 당했다. … 나는 거의 석 달 동안 그곳에 감금되어 있었다.

방에는 나 혼자뿐이었다. 내 방 밖에는 두 사람이 지키고 서 있었고 식사는 나를 지키고 있는 이 병사들이 갖다 주었다. 나는 화장실에 갈 때만 방 밖으로 나갈 수 있었다. 빨래를 하라거나 부엌일 따위를 하라고 한 적은 없었다. 또 일본 병사들로부터 돈을 받은 적도, 옷가지를 받은 적도 없었다. 나는 한 번 도망치려고 했는데, 발각되어 금방 붙잡혀버렸다. 그때 일본 병사로부터 손바닥을 두들겨 맞고 발로 차이곤 했다.

필리핀 쪽 위안부들 증언 가운데는 이와 비슷한 내용이 많다. 군 주둔지에서 일본 병사의 감시 아래 감금되어 있었으며, 접수·이용료·이용권이 사용되었던 흔적은 없을 뿐더러 마구잡이로 강간을 당했다.

중국 산시(山西) 성 진규촌의 석동 역시 이런 강간소에 속할 것이다. 이곳에 관해서는 이수매(李秀梅), 유면환(劉面換) 그리고 후공련(候邛蓮) 씨가 증언하고 있다. 여기에서는 이수매 씨의 증언을 듣기로 하겠다.

　　산시 성 서번 향 이장촌에서 태어났다. 열다섯 살(1942년) 음력 8월이었다. 어머니와 집에 있었는데 느닷없이 일본 병사 네 명이 들이닥쳤다. 남자들은 싱글벙글거리며 '꽃아가씨' 하면서 들어왔다. 당시 나이가 쉰 살쯤 되었던 어머니는 거들떠보지도 않고 온돌에 앉아 있는 내 옆으로 다가와서는 나를 끌어냈다. 나는 무서워서 부들부들 떨며 소리쳐 울었지만 입 안에다 뭔가를 쑤셔넣더니 난폭하게 끌고 나갔다.
　　내 두 손을 꽁꽁 묶어서 당나귀에 태우고는 병사들이 양쪽에서 꽉 잡고 진규촌이라는 마을에 있는 일본군 주둔지까지 끌고 갔다. 이곳에서 갇혀 있었던 곳은 이 지방에서 흔하게 볼 수 있는 동굴 중 하나였다. 폭이 1.7미터에 길이가 3.3미터 가량 되고 동굴 속의 반은 온돌로 되어 있었다. 온돌 위에는 마대나 볏단이 깔려 있었고, 내가 끌려 들어갔을 때 그곳에는 여자 둘이 있었다. 동굴 안에는 변기용 통만 있고 아무것도 없었다. 입구는 자물쇠가 채워져 있었고 중국인 문지기가 서 있었다. 이 동굴에서 나갈 수 있었던 때는 배설물을 버리러 가는 경우 정도여서, 그 주변이 어떻게 생겼는지 잘 모른다.

그곳에 갇힌 지 네댓새가 지나자 얼굴이 불그스름한, 자기네들끼리 '당나귀 대장'이라고 부르는 일본 군인이 들어왔다. 이 대장은 먼저 와 있던 여자부터 강간하고는 이어서 나를 강간했다. 그날부터, 전투하러 나가는 날 빼고는 하루도 빠짐없이 일본 병사들이 번갈아 가며 우리 세 명을 강간하러 들이닥쳤다. 군인 세 명이 한꺼번에 들어와서 우리 세 명을 동시에 강간한 적도 있었다. 동굴 안에서 차례를 기다리는 병사가, 우리가 강간당하는 모습을 지켜보고 있을 때도 있었다. 한 병사가 강간을 끝내면, 곧 이어서 다른 병사가 들어와서 틈도 주지 않고 강간할 때도 있었다. 그들은 생리하는 날에도 전혀 개의치 않고 강간했다. 나는 많을 때는 하루에 열 명, 적을 때라 해도 두세 명에게 강간을 당했다.

우리가 저항하면 일본 병사들을 폭행을 가했다. 나는 언젠가 혁대로 맞았는데, 그 혁대 버클에 맞아 오른쪽 눈 언저리에 상처를 입었다. 이 상처 때문에 오른쪽 눈이 실명되어 버렸다. 또 넓적다리가 가죽장화에 차여서 부상을 당했다. 이 때 다친 것 때문에 지금도 오른쪽 다리가 왼쪽 다리보다 짧다. 얼굴이며 배, 허리 같은 데를 시도때도 없이 얻어맞았다.

(『證言』 VI)

위안부의 저항과 그 심정

종군위안부들 중에는 앞에서 소개한 잔 오헬네처럼 처음부터 끝까지 철두철미하게 저항하고 절대적인 거부의사를 견지한 사람도 있다. 이 정도까지는 아니라 할지라도 혹사에 대해 종종 저항하여 폭력적인 제재를 당한 사람들이 많다. 또 도망을 시도한 사람도 있었지만, 많은 경우 붙잡혀서 본보기로 처벌을 받았다.

혹사와 굴욕을 도저히 견디지 못하고 자살하는 사람도 끊이지 않았다. 김순덕 씨는 이렇게 증언하고 있다.

어린 소녀들은 매일같이 병사들이 텐트 밖에 길게 줄을 서 있고 그들을 상대해야 하는 것을 견뎌내지 못해 목을 맨다든가 틈을 보아서 바다에 뛰어들어 죽곤 해서 하나 둘 없어졌지만, 도대체 언제 어디서 어떤 식으로 사라졌는지, 자살을 한 건지 죽임을 당한 건지 그런 것조차 알 길이 없었다. 나도 죽으려고 생각하고 목을 매려고 했다. 그때 문을 부수

고 사람이 들어와서 나는 죽지도 못했다. (『證言』V)

정서운 씨도 다음과 같이 말하고 있다.

　도저히 견딜 수가 없어서 나는 자살을 결심했다. 열대지방이기 때문에 모기가 많아 말라리아가 유행하고 있었다. 나는 군의관에게 거짓말을 해서 고열에 잘 듣는 약을 매일 한 알씩 받아 모았다. 그리고 40알이 모여졌을 때 나는 그것을 한꺼번에 털어넣었다. 사흘 동안 의식을 잃은 채로 있었지만, 죽지는 못했다. 나중에 다른 소녀에게 들은 이야기지만, 내가 피를 많이 토했던 모양이다. (같은 책)

　그리고 고향을 몹시 그리워했던 박필연 씨는 "다른 한국 여자들과 함께 방에 앉아서 고향 이야기 같은 것을 하면서 정답게 시간을 보내기도 했다. 나와 고향이 같은 아이는 없었다"고 말한다(『證言』Ⅱ). 고향의 부모며 가족 생각이 얼마나 애절했을 것인가. 정학주 씨는 "슬픔에 젖어 있을 때는 고향 노래를 불렀다. '아리랑 아리랑 아라리요. 아리랑 고개를 넘어간다'"(같은 책)
　설날 같은 날 술을 마셨을 때는 슬픔이 왈칵 솟구쳤다.

　1945년 정월은 섬사람들도, 전국 각지에서 소집되어 온 병사들도 몹시 긴장된 표정으로 보냈다. 그리고 봉기 씨 등

조선에서 온 여자들은 (…)

— 아와모리(오키나와의 전통 술-옮긴이) 됫병 한 병에다 군에서 가져온 일본 술도 한 병 있었지. 몽땅 정월에 다 마셔 버렸지, 뭐. 술에 취해서 모두 부둥켜안고 울었지. 자기 피붙이가 있는 사람은 그 생각에 울고. 정월 초하룻날 밤 모두들 아이고 아이고, 서럽게 울었더니 이웃 사람들이 와서 숨어서 보더라구. 아와모리는 독해요. 잔뜩 취해서 아침에 깨어나면 머리가 지끈지끈 아팠으니까. (川田文子, 『赤瓦の家』)

아무리 고통스러운 위안소 생활이라 할지라도 살아서 가려면 그나마도 순응하지 않으면 안 되었다. 1회 1시간의 이용시간이 지켜지고 있던 곳에서는 그런 대로 대화를 나누는 경우도 있었다. 그렇다 하더라도 마음 깊은 곳에는 일본군에 대한 격렬한 증오심을 간직하고 있었다. 일본 병사 야마구치 히코죠는 종군위안부인 마리코가 자기 신상에 관해서 하는 이야기를 들은 적이 있었다. 그때 그녀는 마지막으로 이렇게 말했다고 한다.

"일본의 높으신 양반들은 정말 비겁해, 악마예요. 중국 사람들이 일본인을 동양마귀라고 부르지만, 나도 그런 심정이야, 하나도 틀리지 않아요."

마리코는 점점 어조가 격해지더니 주먹을 꽉 움켜쥐며 필

사적으로 무엇인가를 꾹 참고 있는 듯했다. (「戰爭體驗記: 部隊史にみる從軍慰安婦」)

한 일본 병사, 도킹 도미노스케 역시 수마트라 섬에서 한국인 Y로부터 다음과 같은 호소를 들었다.

(헌병인 나는) 그녀의 방에 초대되어 차와 과자 대접을 받으면서 고향 이야기며 성장과정, 가족 이야기 등을 들어주었다. 나 혼자 있었던 어느 날 그녀는 한숨을 푹 내쉬면서 마치 한탄하듯이 이렇게 말했다. "우리는 좋아서 이런 몸파는 짓을 하게 된 게 아니라구요."
(…)
Y는 진지한 표정을 지으며 호소하듯이 말을 이었다.
"이제 와서 후회하고 한탄한들 아무 소용 없는 일이지만 처음에는 매일 울면서 지냈는걸. 일본 군대가 몹시 증오스러웠지."
그녀는 눈물을 흘리면서 "당신들 병사들은 좋겠어. 일본에 돌아가면 전공을 세운 이야기를 하며 전쟁터의 용사로 환영받을 테니까 명예스러울거야. 하지만 우리는 뭐야. 간호사가 되거나 군수공장에서 일한다고 하여 와서는, 담배 배우고 짙은 화장 하고 아양떠는 것밖에 배운 게 없고, 간호사의 '간' 자도 모르잖아. 더러워진 이 몸은 아무리 해도 옛날의 나로 돌아가지 않아. 부모형제를 볼 면목도 없어졌어."

그녀의 볼에는 작은 물방울이 반짝이고 있었다. 나는 그저 묵묵히 의자에 기대어 앉아 그녀의 이야기를 듣고 있었다.

(…)

"중사님, 모두 큰소리로 웃고 떠들곤 하지만 마음속으로는 울고 있답니다. 죽으려고 생각한 적도 몇 번인지 몰라요. 이 내 심정을 헤아려줄 수 있을지…."(같은 글)

여기에서 다시 한 번 미얀마의 미군 포로심문 보고서를 보

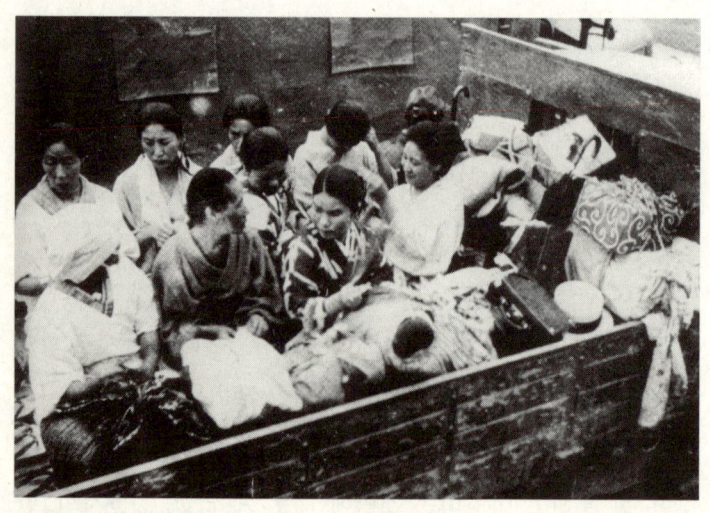

트럭에 실려가는 위안부들
자료: 村瀨守保寫眞集 『私の從軍中國戰線』(日本機關紙出版センター, 1987)

기로 하자. 그곳에서는 미치나의 종군위안부들이 "버마에 머무르고 있는 병사들과 함께 운동경기를 하며 즐겁게 지내고 또 소풍이나 연회, 저녁만찬에도 참석했다"(『資料集』 99).

하지만 여기에서 종군위안부들이 진심으로 즐거워하며 이 같은 행사들에 참석했을 것이라고 생각하는 사람이 있었다면, 그 사람이야말로 한심하기 짝이 없다. "모두 큰소리로 웃고 떠들곤 하지만 마음속으로는 울고" 있었던 것이다.

군사적 성노예제도

지금까지 서술한 것에서 알 수 있듯이, 종군위안부는 군사적 성노예라고 규정할 수 있다.

노예는 인신매매·포로·유괴 등에 의해서 자신의 생산·생활 수단 혹은 민족·공동체·가족으로부터 분리되어 인격 자체가 고스란히 제3자인 개인 또는 집단의 소유물이 되어버린 존재이다. 그리고 일반적으로 가혹하게 사역을 당한다.

종군위안부는 사기 혹은 징발, 폭력에 의해 강제로 연행되어 민족과 공동체, 가족으로부터 떨어져서 군이 조직적으로 설치한 종군위안소에서 군의 관리 아래 군 그 자체가 직접(군직영) 혹은 민간업자를 통해서 인격이 완전히 소유·구속되어 있었다. 그에 따라 관리강간 체제 아래 놓이게 되었으며 혹독한 사역과 폭력적 지배를 받아야 했다. 그리고 사실상 아무런 보수도 받지 못하고 착취당했다. 바로 이와 같은 점에서 종군위안부는 다름아니라 군사적 성노예라고 규정짓지 않으면 안 된다.

공창(公娼)을 비롯한 일반 매춘부 역시 이상의 내용에서 군을 제외하면 본질적으로는 성노예이다. 매춘부는 계약기간을 정하고 선금을 받았지만 옷값, 화장품값, 각종 잡동사니 값 등의 명목으로 급료를 빼앗겼기 때문에 선금을 갚기는커녕 돈을 더 빌려야 하는 실정이어서 오히려 선금은 더 늘어나 이 올가미에서 벗어나기가 쉽지 않기 때문이다.

따라서 종군위안부는 성노예 중에서 군사적이라는 규정성을 받고 있는 점에서 특수성을 지니고 있다. 또 그 때문에 점령지나 전쟁터를 무대로 했으며 식민지나 점령지의 여성들을 동원하여 강제연행(사기·징발·폭력에 의한 연행)과 가혹한 사역, 폭력적 지배라는 형식을 취하였고 이를 통해서 극한적인 형태의 성노예제·공창제를 이루고 있었다. 이 극한적인 형태의 더할 수 없는 극한은 바로 강간소였다.

에필로그 전쟁범죄와 전후 책임

전쟁범죄

15년전쟁 혹은 아시아·태평양전쟁 동안의 일본군의 종군 위안소 및 위안부와 관련해서는, 종군위안부의 연행과 대우 문제 이전에 무엇보다도 먼저 종군위안소의 설치를 문제삼지 않으면 안 된다.

"일본 군대가 주둔한 곳에는 위안소가 있다"고 할 정도로 대량으로 설치되었던 종군위안소는, 육군대신과 해군대신을 정점으로 해서 군부가 주도권을 쥐고 조직적으로 설치한 것으로서 단순히 관여하는 수준에 머물렀던 것이 결코 아니었다. 육군성과 해군성 내에서는 군무국장이나 군비국장이 진두지휘를 했으며, 파견군에서는 고급참모가 그 설치를 계획 및 지시했다. 나아가 육군경리학교에서까지 위안소의 설치방법을 교육시킬 정도였다. 그리고 군은 민간업자도 직접 선정했으며, 위안소를 설치할 때는 내무성이나 부·현, 경찰이 협력했다.

이러한 종군위안소는 군 질서를 유지하기 위한 안전판으로서, 나아가 반일감정의 고조 — 이는 제국주의적 욕망의 발로라 할 수 있는 강간이 자행됨으로써 나타나는 결과였다 — 를 억제하기 위해서 설치되었던 것이다.

일본인을 제외하면 한국·중국·동남아시아·남태평양의 각지에서 대부분이 미성년자, 즉 미혼 여성이 사기와 징발, 폭력에 의해 종군위안소로 끌려와서 위안부가 되었다. 이 모든 경우 강제연행의 성격 또한 지니고 있다. 그중에서도 한국인은 해외 곳곳으로 끌려갔다.

사기에 의한 연행은 뚜쟁이가 수완을 부려서 이루어졌지만 그 배후에는 조직적인 힘이 작용했다. 경성의 육군사령부가 관여했다는 것은 밝혀졌으나, 조선총독부도 관여했을 것으로 판단된다. 대만에서는 대만총독부가 관여하고 있었다. 징발에 의한 연행은 군의 명령에 따른 것이었으며, 폭력적 연행은 군 자체의 실력행사로서, 문자 그대로 위안부 사냥도 포함하고 있었다.

종군위안소는 군 직영과 민간업자가 운영하는 것이 있었다. 군 직영의 종군위안소는 상하이·난징에도 있었으며, 특히 전선기지나 변경지역의 경우는 군이 직영했던 것으로 보인다.

위안소는 군의 관리 아래 있었으며, 종군위안부에 대해서는 정기적으로 성병검진이 이루어졌다. 종군위안부는 관리강간 체제하에서 가혹하게 사역을 당하는 등 폭력적 지배를 받고 있었던 것이다. 보수는 일괄 후불한다고 기만하거나 의류·화장품 따위를 강매함으로써 없는 것이나 마찬가지였다. 따라서 종군위안부는 군사적 성노예라고 말하지 않을 수 없다.

종군위안소의 설치와 관리, 종군위안부의 연행과 사역 등 전체적인 면에서 군부가 주도하고 있었다. 이것이 일본 군대, 일본 국가의 침략전쟁이 수반한 전쟁범죄라는 것은 명백하다. 이것은 특히 '인도(人道)에 대한 죄'를 구성하는 것이다.

제2차 대전 후 독일에 대한 뉴른베르크 재판에서 정식화된 '인도에 대한 죄'는 개전 결정이나 전쟁지휘 등을 가리키는 '전쟁범죄'보다 넓은 의미의 죄 개념으로, 국내외 민간인에 대한 집단살해, 노예적 혹사, 추방 그리고 정치적·인종적 박해행위를 범죄로 간주한다. '인도에 대한 죄'는 생명·신체·자유의 권리, 즉 기본적 인권과 인간 존엄성의 존중에 대한 중시를 그 바탕으로 하고 있다. 이런 의미에서 '인도에 대한 죄'의 설정은 전쟁범죄를 묻는 데 결정적으로 중요한 의미를 지닌다. 종군위안부에 대한 강제연행이나 노예적 혹사는 의심의 여지 없이 '인도에 대한 죄'에 해당한다. 그것은 인권과 인간의 존엄성에 대해 극한적인 침해이기 때문이다.

여기에서 잠시 전쟁범죄 일반에 관해 한번 생각해 보기로 하겠다. 독일의 실존철학자 야스퍼스는 패전 직후 누구보다도 먼저 전쟁범죄와 전쟁책임에 대해서 강연을 했다. 그 강연에서 야스퍼스는 이렇게 설파하고 있다.

사실 우리 독일인 모두에게는, 우리의 죄 문제를 명확하게 통찰하고 그로부터 당연한 귀결을 도출해야 할 의무가 부과되어 있다. 이것은 인간으로서 우리의 존엄으로부터 비롯되는 의무이다. 세계가 우리에 대해 어떻게 생각하고 있는가 하는 것까지, 우리는 무관심할 수 없다. 우리는 인류에 속해 있으며, 먼저 인간이며 그 다음에 독일인이기 때문이다. 그러나 우리에게 이보다 더 중요한 것은, 고난과 종속 상태에 있는 우리 자신의 생활이 지금은 오직 스스로를 기만하지 않는 진실에 의해서만 그 존엄을 얻을 수 있다는 사실이다.

죄의 문제는 외부에서 우리에게 제기되는 문제라기보다 오히려 우리 스스로가 우리 자신에게 던져야 할 문제이다. 우리가 이 문제에 대해 마음 저 깊은 곳에서부터 어떤 답을 찾아낼 것인가가 현재 우리의 존재의식과 자의식의 기초가 되어야 한다. 이것은 독일 정신의 사활이 걸린 문제이다. 이 문제를 거쳐 나올 때 비로소 우리에게는, 우리의 본질적 성격의 근원에서부터 나오는, 혁신을 수행할 수 있을 정도의 전환이 일어날 수 있게 된다.

승리자 쪽에서 내리는 유죄선고는 확실히 우리의 현실생

활에 극히 중대한 결과를 미칠 것이고 또 정치적인 성격을 띠겠지만, 내면적인 전환이라는 점에서는 우리에게 도움이 되지 않는다. 이 점에서는 자신을 상대로 하는 것밖에 달리 길이 없다. 철학과 신학이 죄의 문제의 심층을 비추어내는 사명을 가지는 것이다. (橋本文夫 譯, 『戰爭の罪を問う』, 平凡社, 1998)

이어서 다음과 같이 말한다.

죄를 규명한다는 것은 동시에 우리의 새로운 생활방식과 우리 삶 속에서의 여러 가지 가능성을 밝혀내는 것이다. 이로부터 진지함과 결의가 생겨난다.

나아가 야스퍼스는 '형법상의 죄' '정치상의 죄' '도덕상의 죄'에 더하여 '형이상적인 죄'의 개념을 설정하면서 다음과 같이 설명한다.

무릇 인간 상호간에는 연대관계라는 것이 있다. 이 연대관계가 있기 때문에 인간은 누구나 세상 속의 온갖 불법과 모든 범죄에 대해, 특히 마침 자신이 서 있는 그 자리에서 혹은 자신이 알고 있을 때 일어나는 범죄에 대해서 그 책임의 반을 짊어져야 하는 것이다. 내가 범죄를 막기 위해서 나 자신이 할 수 있는 한의 행위를 하지 않으면, 나에게도 죄의 반은 있는 것이다.

야스퍼스의 이 진지하고 투철한 논리 앞에서는 전쟁책임을 추궁하는 것을 '자학사관' 등이라고 매도하는 후지오카 노부가쓰 일파의 이른바 '자유주의 사관' 같은 사이비 자유주의는 한낱 물거품처럼 사그라져 버릴 것이다.

종군위안부에 대한 혹사는 각종 통례적 국제법규를 기만하는 전쟁범죄이기도 했다. 국제법률가위원회(ICJ)에 따르면 다음과 같다(『國際法からみた從軍慰安婦問題』, 明石書店, 1995).

첫째, 1921년의 "여성 및 아동의 매매금지에 관한 국제조약"에 대한 위반이다. 이 조약은 식민지를 적용 제외지역으로 하고 있는데, 일본은 이것을 이용해서 한국에서 여성과 아동을 끌고 갔다. 그러나 이 조약에서 식민지를 적용 제외지역으로 한 입법취지는, 당시 식민지에서는 '지참금' '혼수비' 등과 같은 관행이 있었는데 이것을 법에 의해 모두 해결하는 것은 타당하지 않다는 판단에 근거한 것이었다. 따라서 일본의 행위는 이 입법취지에 위반된다.

둘째로, 1926년의 노예조약에 대한 위반이다. 이것은 노예의 소유 및 거래를 전면적으로 금지한 조약으로서, 종군위안부가 여기에 위반된다는 것은 너무나도 명백하다. 일본은 이 법을 비준하지 않았지만, 엄연히 관습국제법의 일부를 구성하고 있다.

셋째로, 1907년에 체결된 헤이그 규칙(육지전의 법규관례에 관한 조약) 제46조에 대한 위반이다. 제46조는 전쟁 상대국 가족의 명예를 보호할 것을 규정하고 있는데, 종군위안부의 혹사는 그 가족의 명예를 침해하는 것이다. 이 또한 관습국제법으로 되어 있다.

그리고 1930년 ILO 강제노동조약과 관련해서, ILO 전문가위원회는 1996년 3월에 위안부는 여성의 강제노동을 엄격하게 금지한 강제노동조약에 위반된다는 권고를 내놓고 있다.

전후 책임

전쟁범죄를 저지른 개인 내지는 조직이 처벌되어야 하며, 또 피해자 개개인에 대해서는 사죄와 보상이 이루어져야 한다. 종군위안소를 조직·설치해서 종군위안부를 강제 연행·혹사한 책임자는 반드시 처벌되어야 하며, 또 과거 종군위안부에 대해서는 사죄와 보상이 되어야 한다. 그러나 일본의 전쟁범죄를 심판한 도쿄재판은 '인도에 대한 죄'를 내세우면서도 그것을 가지고 기소·유죄 판결을 내리지 않음으로써 '인도에 대한 죄'는 무시되었다. 따라서 종군위안부에 대한 비인도적 행위 역시 불문에 부쳐졌다. 이것은 도쿄재판이 아시아인의 인권을 무시하는 민족적 편견을 가지고 있었음을 드러내는 것이다.

다만 네덜란드령 인도네시아에는 네덜란드가 1948년 2월 14일 바타비야 임시군법회의에서 종군위안부와 관련한 판결을 선고했다. '강제매춘을 목적으로 한 여성유괴' '매춘강요' '여성강간' '포로학대'의 죄를 물어 사형 1명 그리고 8명에게 금고 20년에서 7년의 형이 선고되었다(「オランダ女性慰安婦強制事件に關するバタビヤ臨時軍法會議判決」, 『戰爭責任研究』 3號). 그러나 이 재판 및 판결은 네덜란드 여성의 종군위안부에 국한된 것으로서, 식민지 지배자 네덜란드에게 현지 주민인 인도네시아인은 안중에도 없었으며 이를 완전히 무시했다.

그런데 종군위안부 문제에 관한 최고책임자는 쇼와(昭和) 천황이다. 일본의 군대는 국민의 군대도, 정부의 군대도 아니고 천황의 군대, 즉 '황군'이었다. 이것을 이데올로기적으로 명확하게 나타낸 것이 "우리나라 군대는 대대로 천황이 통솔하시는 것"이라는 문장으로 시작하는 1882년의 군인칙유(勅諭)이다. 군인칙유는 다음과 같이 선포하고 있다.

그 군대의 통수권은 짐(천황-인용자)이 통괄하는 것인바, 그 개개의 임명과 설치는 신하에게 위임할 수 있으나 그 근본은 짐이 친히 정해 통치하는 것이므로 신하에게 위임하는 것이 아니다. … 짐은 너희들 군인의 대원수이다. 그러하므로 짐은 너희들을 수족과 같이 의지하고, 너희들은 짐을 머리와 같이 떠받들어 존경함으로써 그 애정이 깊어진다.

그리고 대일본제국헌법 제11조는 "천황은 육해군을 통수한다"며 천황의 통수권 독립을 명시하고 있고, 나아가 제12조는 "천황은 육해군의 편제 및 상비병사 규모를 정한다"고 규정했다. 통수권을 총괄하는 대원수인 천황이 군부의 중대한 법적·정치적·도의적 범죄에 대한 책임을 져야 하는 것은 당연한 일이다. 바로 이것이 최고책임자의 죄를 물어야 하는 길이며 취해야 할 길이다.

그러나 도쿄재판은 천황을 면책하고 아시아의 모든 국민을 부재(不在)로 한 불충분한 전쟁재판이었다. 더욱이 일본인은 타자의 재판에 의해서 해결된 것으로 간주하고 스스로 주체적으로 전쟁범죄를 추궁하지 않았다. 이 점이 지금도 나치 범죄자를 추궁하고 있는 독일과 크게 다른 점이다. 뿐만 아니라 A급전범 기시 노부스케(岸信介)가 내각 총리대신이 되었는가 하면, 회계중위로서 남방에 종군위안소를 만들었다는 사실을 자랑스럽게 이야기하고 있는 나카소네 야스히로(中曾根康弘)도 내각 총리대신을 지냈다.

전후(戰後) 일본이 전전(戰前)의 일본과 과연 무엇이 달라졌단 말인가. 이는 민주주의를 외적·제도적으로 받아들이면서 전전의 자기의식과의 내면적 갈등 및 대결 과정을 거치지 않고 자연적으로 흘러온 것을 반영하고 있다고 할 수 있다. 우리 일본 국민은 진정으로 죄에 대한 책임을 진다는 관점에서, 일본 정부에 대해 전쟁책임을 철저하게 규명할 것과 전쟁범죄자를 처단할 것과 그리고 피해자 개개인에게 보상을 해줄 것을 요구할 책임과 의무가 있다.

80년대에 들어와서부터 국민들 사이에서도 전쟁의 침략성이나 가해성을 인정하는 의식이 높아지고 있다. 경제적인 이해관계 면에서 아시아에 대한 가해를 거론하게 되었던 정부와는 대조를 이루고 있다.

종군위안부에 관해서는, 1973년에 센다 가코의 선구적인 업적 『종군위안부』(從軍慰安婦)가 출판되어 큰 반향을 일으켰으나 전쟁책임을 묻는 운동으로까지는 이어지지 못했다. 종군위안부 문제가 정치적·사회적 문제의 획을 이루는 계기가 된 것은, 한국에서 김학순 씨가 자신의 이름을 밝히고 일본 정부를 상대로 해서 보상금 청구소송을 제기하면서부터였다. 그리고 요시미 요시아키가 방위청 방위연구소 도서관에서 발견한, 일본군이 종군위안소 설치를 지시한 공문서를 『아사히 신문』(1992. 1. 11)이 보도하기에 이르러서는 정부도 일본 군대의 관여를 인정하지 않을 수 없었고 사죄의 담화를 발표했다. 그러나 전쟁범죄라고 언명하기를 피하고 있다.

과거 종군위안부의 보상청구에 대해서도 일본 정부는 1965년 한일협정으로 해결되었다면서 이를 완강하게 거부하고 있다. 확실히 한일협정 제2조에는 청구권 문제는 "완전히 그리고 최종적으로 해결된 것으로 함을 확인한다"고 되어 있지만, 당시 한국측의 청구 리스트는 매우 제한적인 것이었다. 앞에

서 말한 국제법률가위원회는 "이 청구 리스트에서 매우 분명한 것은 전쟁범죄, 인도에 대한 죄, 노예조약과 여성매매금지조약 또는 국제법의 관습규범의 위반에서 발생하는 개인적 권리의 침해에 대해서는 교섭대상으로 하지 않았다는 사실"이라고 지적하면서 다음과 같이 쓰고 있다(『國際法からみた從軍慰安婦問題』).

1965년 협정의 모든 조문은 부채의 해결을 포함해서 재산의 처리 및 양국간 상업관계의 규율에 관한 것이다. 조약의 이면에 있는 목적 한 가지가 양국간 장래 경제협력의 기초를 구축하는 데 있었다는 점을 유의한다면, 이것이 조약의 주요한 목적이 될 수밖에 없다는 것이 전혀 이상하지 않다. 이 조약의 문맥에 나오는 '청구권'이라는 용어에는, 일본측이 주장하는 그 같은 넓은 의미를 부여할 수 없다. 따라서 일본은 한국의 위안부들이 제기하는 청구를 저지하기 위해 1965년 협정을 적용하는 것은 있을 수 없다는 것이 우리의 결론이다.

그리고 1956년의 일본·필리핀 배상협정에 관해서도 다음과 같이 말한다.

이 합의는 특정성을 결여하고 있기 때문에 필리핀측으로부터 어떤 문제가 제기되어 배상협정에 포함되어야 할 것인지를 결정하기가 매우 어렵다. 따라서 일본에 의해서 강제연행·강간을 당하고 그리고 위안부로서 이용당한 여성의 청구권이 포함되어 있다고 간주할 수 없다.

마지막으로 하나 덧붙인다면, 일본과 아시아 국가들의 배상협정은 일본의 전쟁범죄를 철저하게 규명하는 관점에서 전면적으로 개정되어야 한다는 것이 나의 생각이다.
아무튼 앞의 정당한 지적이 있음에도 불구하고 일본 정부는 변함없이 과거 종군위안부의 배상청구권을 거부하고 있다. 그리하여 일본 정부가 궁여지책으로 만들어낸 것이 1995년에 설립한 여성을 위한 아시아평화국민기금(아시아여성기금)이다. 아시아여성기금은 국민으로부터 갹출하여 과거 종군위안부에게 200만 엔의 보상금을 내각 총리대신 하시모토 류타로(橋本龍太郎)의 '용서와 반성'을 표명한 편지와 함께 지급한다는 것이다. 이것은 국가가 법적 책임을 회피하고(수상의 편지는 '도의적 책임'에 머무르고 있다), 더욱이 배상이 아니라 단순한 자선적 행위에 지나지 않는 '위로금'으로 매듭지으려고 하는 처사로서, 종군위안부 문제를 정면으로 전쟁범죄·전쟁책임으로 인정하지 않는다는 것을 의미하고 있다.

후기

 사실 에필로그에서 '성의 국가관리와 성차별' '파시즘·전체주의와 성폭력'에 관해 쓸 계획이었으나, 현재 나의 능력으로는 도저히 불가능하다는 것을 깨달았기 때문에 단념했다. 이런 의미에서는 종군 위안소와 위안부의 전체적인 모습을 그려내지 못한 것이 되겠으나, 종군 위안소와 위안부의 윤곽을 체계적으로 묘사할 수 있었다는 데 일단은 만족하고 있다.
 여기에서 한두 가지 덧붙여두고 싶다. 제2차 대전 기간 동안에 해외의 미군 주둔부대는 성병감염 예방의 한 수단으로 기존의 매춘업소 가운데 특정 매춘업소를 군 지정으로 해서 세정·소독 기구를 상비하도록 했으며 또 군의관이 정기적으로 매춘부의 성병검사를 실시했다. 그리고 미군 병사들에게는 지

정된 매춘업소 이외의 시설을 사용하지 못하게 했고 매춘부에게도 미군 병사 이외의 사람은 접촉할 수 없게 했다(田中利幸, 「なぜ米軍は從軍慰安婦問題を無視したのか」, 『世界』 1996年 10月號). 이처럼 미군 역시 병사들의 성을 관리하고 지정 매춘업소를 두었다.

하지만 그것은 어디까지나 기존의 매춘업소를 이용하고 국가관리 아래 두었던 것으로서, 일본 군대처럼 군이 주도권을 가지고 종군위안소를 조직적으로 설치한 것과는 결정적으로 다르다. 강제연행 같은 범죄행위도 자행되지 않았을 것으로 보인다. 이 차이는 종군위안소와 국내 공창의 차이에도 적용되는 바이다.

독일 국방군 역시 일본의 종군위안소와 비슷한 시설을 다수 설치한 것으로 알려져 있다(泰郁彦, 『昭和史の謎を追う』 下, 文藝春秋, 1993). 독일도 점령지의 여성을 강제연행했던 게 아니었을까. 또 성폭력의 관점에서는 소련의 붉은군대가 베를린과 만주에 진주했을 때 그곳에서 저지른 대량의 조직적 강간도 간과할 수 없다(베를린에 관해서는 アテイナ グロスマン, 「沈默という問題: 占領軍兵士によるドイツ女性の强姦」, 『思想』 898號).

따라서 종군위안소 등의 성폭력은 제국주의 일반의 문제이기보다는 파시즘의 나치 독일, 천황제 파시즘의 일본, 스탈린주의의 소련이라는 파시즘 국가 내지는 전체주의 국가의 산물이라고 보는 것이 타당할 것이다. 일본에 관해 말한다면, 천황제 파시즘(신권神權 천황제와 인권결여 국가)에서의 자민족 우월주의와 타민족 멸시·배타주의 그리고 가부장제와 성차별·성도덕의 이중적 기준의 형성과 구조가 반드시 문제제기되어야 할 것이다.

 이 책은 요시카와 고분관(吉川弘文館) 편집1부의 오이와 요시아키(大岩由明)의 적극적인 권유가 없었다면, 이와 같은 부족한 모습으로나마 세상의 빛을 보지 못하였을 것이다. 그리고 편집1부의 다른 많은 분들도 적절한 조언을 해주었다. 모두에게 깊은 감사의 말을 올린다.

1999년 5월 3일
미네기시 겐타로

| 옮긴이 후기 |

일본의 행동하는 양심인의 전쟁범죄 고발

지금 한국은 일본 역사교과서 문제로 배일감정이 그 어느 때보다 고조되어 있다. 어느 나라나 그러하지만 일본에도 양심적 지식인은 존재한다. 나의 스승이기도 한 이 책의 저자 미네기시 겐타로 선생님도 그런 사람 가운데 한 분이다. 그리하여 미네기시 선생님이 참여하여 만든 중학교 역사교과서(『わたしたちの中學社會』, 日本書籍)에는 대동아공영권의 허구를 지적하면서 한국과 중국으로부터 100여만의 사람들이 강제연행되었고 또 한국 등 아시아 각지에서 젊은 여자들이 강제적으로 끌려가 일본 군대의 위안부로서 혹사당했다는 내용이 실려 있다.

나의 스승 미네기시 겐타로의 행동하는 양심을 깊이 존경하는지라 능력이 부족하면서도 이 책을 한국말로 옮기게 되었다. 여기서는 이 책에 담기지 못한, 미네기시 선생의 성장과정과 연구생활 그리고 이 책과 관련한 내용을 말하고 싶다.

　미네기시 선생은 젊은 시절부터 민주주의 실현을 위해 노력을 했다. 50년대 후반, 대학 다닐 때는 원자폭탄과 핵실험 금지를 요구하는 운동을 열심히 하여 미국대사관 앞에서 데모를 하기도 했다. 데모행진 때는 목소리가 우렁차다고 해서 슈프레흐코르(Sprechchor)의 명수로 불렸다. 항상 민중의 입장에 섰고, 특히 하층민중이나 고생만 하면서 출세를 못하는 사람들에게 관심을 보였다. 1962년에는 도쿄도립대학교에 부임하자마자 교직원조합운동에 참가해 위원장을 수차 역임했다. 또 대학 안팎의 민주화를 위해서도 열심히 싸우셨다. 조교시절에는 교수들의 독점적 권력횡포에 저항하여 대학 내부의 민주화와 조교를 비롯한 학생들의 학문의 자유 및 연구의 자주성을 꾀하였으며, 권력에 의한 대학통제에도 반대해 대학의 자치를 위해 싸웠다.

　연구 면에서는, 학생시절부터 직접 농촌을 돌아다니면서 농촌에 관한 사료를 수집하여 에도시대(江戶時代) 농민생활의 실태를 밝히는 데 힘썼으며, 특히 선생님의 피차별민(被差別民) 역사에 관한 연구는 일본에서 독보적인 존재라 할 수 있다. 이러한 연구가 '종군위안부'에 관한 연구로 이어진 것은 어쩌면 당연한 귀결일 터이다.

　교육 면에서는 학생과 연구생들이 자주적으로 결정한 연구

주제를 존중하며 사료 중심의 연구를 매우 중시한다. 사료의 독해에 대한 선생님의 엄격함은 특별하여 눈물을 몇 번 흘려 보지 않고 졸업한 학생이 드물 정도이다. 하지만 선생님은 연구실에서 직접 요리를 하시어 학생들과 함께 술도 마시고 노래방도 가는 자상함도 유별나시다. 특히 중고등학교 교과서 편찬에서도 민중의 생활을 중시하면서 자국 우월주의에 기울지 않기 위해 (북한을 포함한) 한국과 중국의 역사에 많은 지면을 할애하려고 노력하셨다.

'종군위안부'와 관련해서는, 이 책에서도 나오지만 일본의 침략전쟁으로 인한 범죄행위의 하나인 종군위안부 문제가 교과서에 실렸을 때 도쿄대학교 후지오카 교수를 비롯한 민족배외주의자들은 학문적인 검토도 없이 종군위안부 문제는 단순한 상업행위에 불과하므로 교과서에서 삭제할 것을 요구하는 운동을 전개했다. 미네기시 선생님은 이를 도저히 묵과할 수 없었다. 선생님은 비록 지금까지 연구해 오던 분야가 아니었지만, 종군위안부에 관한 사료를 면밀히 검토해서 학문적으로 고찰하였다.

이렇게 해서 나온 것이 바로 이 책이다. 이 책이 나왔을 때 선생님은, 결과는 독자가 판단할 거라면서 눈물을 글썽였다. 아마 이 책을 쓰는 동안에도 몇 번이나 눈물 흘리셨을 것이다. 이런 분이, 이런 학자가 세상에 내놓은 것이 바로 이 책이다.

선생님의 제자이자 이 책의 한국어판 옮긴이인 나는 저자가 이 책에 쓰지 않았지만 나에게 수차 강조하셨던 이야기를 독자들에게 알려줄 의무가 있다고 생각한다.

종군위안부 문제와 관련해서는 한국은 물론이고 일본에서도 이미 많은 책이 나와 있다. 그러나 내가 번역을 하면서 확인한 결과, 사료를 중심으로 해서 실증적이고도 사실적으로 씌어진 것은 이 책이 처음인 것으로 알고 있다. 일본에서도 이 책은 종군위안부 문제의 '죄과'를 명확하게 밝힌 '실상연구(實相研究)의 총합적 성과'라는 평가를 받고 있다. 더욱이 식견 있는 일본인들은 전쟁범죄의 구체적 사례인 종군위안부 문제에 관한 '죄'를 밝히는 것이야말로 곧 일본인의 '새로운 생활방식' '여러 가지 가능성'을 발견하는 것이라고 말한다.

그러나 글 중에는 한국인 독자 여러분들과 의견이 다르거나 혹은 언짢을 수 있는 서술이 있을 수도 있다. 그러나 저자는 이 모든 것을 일일이 사료를 확인하여 서술한 것이니, 이런 부분에 대해서는 앞으로 저자와 직접 토론을 하는 기회를 마련할 수 있기를 바란다.

이 책의 "에필로그"에 전시강간(戰時强姦)·관리강간(管理强姦), 종군위안소 설치와 종군위안부의 강제연행 및 노예적 학살의 책임은 다름아니라 일본 군부와 국가에 있으므로 결국 그 최고 책임이 쇼와 천황에게 있다고 했다. 물론 통수권을 총괄하는 대원수인 천황이 군부의 중대한 법적·정치적·도의적 범죄의 책임을 져야 하는 것은 당연하다. 그러나 여기서 중요한 요인은, 직접적인 피해자인 종군위안부 쪽에서 볼 때 직접 실행자 개개인이야말로 가해자라는 사실이다. 이 군인들에게도 가해책임을 추궁해야 하며, 강간은 육군형법상 명확한 범죄행위라고 강조하였다. 따라서 과거 종군위안부들이 자신들의 이름을 밝히고 그 시절의 참담했던 경험을 폭로하는 지금, 당시 군인들도 그 이름을 밝혀 정정당당하게 그 죄과를 치러야 할 의무와 책임이 있다는 것이다.

그리고 저자는 전쟁 책임국가인 일본, 특히 최근 종군위안부 문제에 대해 관심이 흐려진 일본 국민들에게 이 문제를 환기시키기 위해서 이 책을 썼다고 했다. 얼마 전까지만 해도 일본 정부는 종군위안부 문제에 관심을 보이는 듯했으나 지금은 흐지부지되어 있는 상태이다. 이러한 상황이 계속된다면, 이 글에서도 수차 강조한 종군위안부들의 보상문제는 그 해결의 실마리도 찾지 못하고 할머니들은 세상을 떠나버리고 만다. 설령 법적·정치적·도의적 범죄로 취급을 하지 않더라도 인도적(人道的) 죄에 해당되니, 절대 보상을 해야 한다는 것이 저자의 주장이다.

이 책을 기회로 한·일 양국의 양심적인 학자들이 힘을 합쳐, 일본 정부가 할머니들에게 보상을 하도록 하는 데까지 나아갈 수 있기를 바라 마지않는다. 특히 먼 일본 땅에서 늘 이분 할머니들의 걱정을 하며 이 책을 쓴 저자 역시 더없이 바라는 일일 터이다.

마지막으로, 종군위안부 문제에서는 지금까지 한국인 종군위안부가 강조되어 왔으나 이 책에서도 확인한 바와 같이 여러 나라의 여성들이 혹사를 당했다. 이 책을 계기로 다른 나라 여성들의 쓰라린 아픔도 이해하는 기회가 되었으면 한다.

이 책이 한국에서 출판되기까지 수고를 해주신 경희대학교 허동현 교수와 강원대학교 신종원 교수에게 감사의 뜻을 전한다. 이 책의 한국어판 출판이 한일 우호관계에 역효과를 내는 것은 아닐까 하는 나의 우려와 달리, 두 분은 일본의 양심적인 학자가 일본의 전쟁범죄를 사료를 근거로 해서 밝혀나가는 작업은 진정한 한일관계를 위해서도 필요하다고 힘주어 말했다. 특히 내가 번역하는 과정에 적절한 표현을 찾지 못해 어려움을 느낄 때 많은 도움을 주었다. 그리고 도쿄도립대학교의 오길환 후배의 도움에도 감사의 뜻을 전한다.

출판에 이르기까지 고생을 해준 당대출판사의 박미옥 사장을 비롯하여 출판사 가족들에게도 감사의 말을 올린다.

2001년 7월
옮긴이 박옥순